LES ANGES DANS MA CUISINE

LES ANGES DANS MA CUISINE

Recettes végétaliennes * **Karine Malenfant**

Coup de cœur

Sans noix

Sans gluten

ADA éditions

Éditeur : François Doucet
Révision linguistique : Isabelle Veillette
Correction d'épreuves : Nancy Coulombe, Féminin pluriel
Conception de la couverture : Matthieu Fortin, Sylvie Valois
Images : ©Thinkstock
Photographies : Karine Malenfant, sauf pour la couverture et les pages 40 et 146 : Mélanie Bellemare, Tonik Groupimage
Maquillage et coiffure pour la couverture, pages 40, 80 et 146 : Nathalie Legault, artiste maquilleuse
Conception et mise en pages de l'intérieur : Sylvie Valois
ISBN papier : 978-2-89767-223-2
ISBN PDF numérique : 978-2-89767-224-9
ISBN ePub : 978-2-89767-225-6
Première impression : 2016
Dépôt légal : 2016
Bibliothèque et Archives nationales du Québec
Bibliothèque et Archives Canada

Éditions AdA Inc.
1385, boul. Lionel-Boulet,
Varennes (Québec) J3X 1P7, Canada
Téléphone : 450 929-0296
Télécopieur : 450 929-0220
www.ada-inc.com
info@ada-inc.com

Diffusion

Canada :	Éditions AdA Inc.
France :	D.G. Diffusion Z.I. des Bogues 31750 Escalquens — France Téléphone : 05.61.00.09.99
Suisse :	Transat — 23.42.77.40
Belgique :	D.G. Diffusion — 05.61.00.09.99

Imprimé en Chine

Québec
Crédit d'impôt livres
Gestion SODEC
Financé par le gouvernement du Canada
Canada

Participation de la SODEC.

Nous reconnaissons l'aide financière du gouvernement du Canada par l'entremise du Fonds du livre du Canada (FLC) pour nos activités d'édition.
Gouvernement du Québec — Programme de crédit d'impôt pour l'édition de livres — Gestion SODEC.

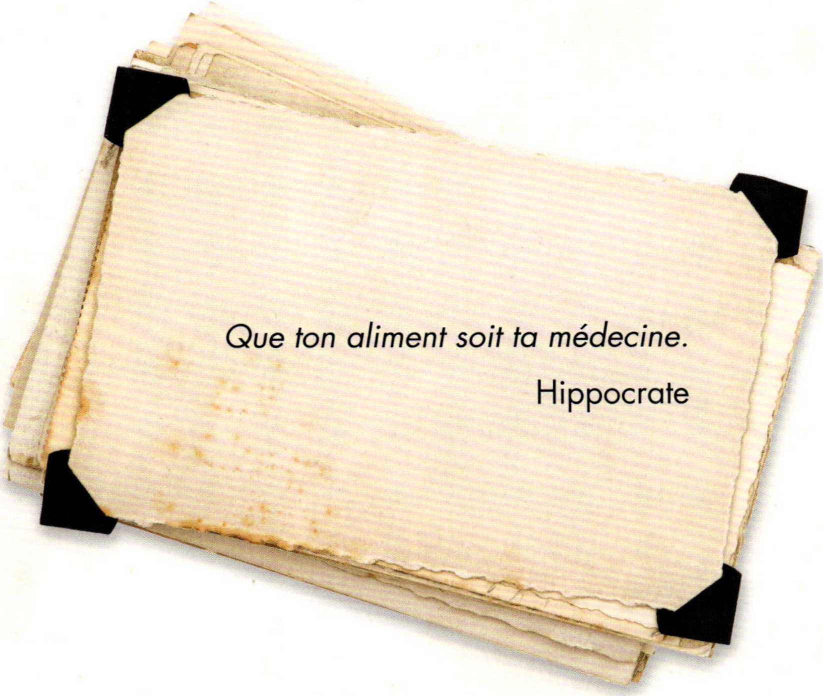
Que ton aliment soit ta médecine.
Hippocrate

À l'homme le plus important de ma vie : mon père.

L'héritage que tu me laisses est gravé dans mon cœur à tout jamais :

ton courage, ta force et ton amour pour la terre.

Pour toi, je continuerai de cultiver un jardin.

Je t'aime.

Boules d'énergie au cacao (voir page 199)

TABLE DES MATIÈRES

INTRODUCTION

L'alimentation est un sujet qui m'intéresse depuis longtemps. Dès que j'ai pris conscience que les aliments pouvaient être mes meilleurs alliés dans mon parcours vers une santé optimale, j'ai vu la nécessité de modifier mes habitudes alimentaires. J'ai compris que je ne pouvais plus consommer de produits d'origine animale. Je mettais fin à un cycle que j'avais toujours connu ; et je me plongeais dans un univers dénué de points de repère. J'étais prête à explorer de nouveaux goûts, de nouvelles textures et de nouvelles recettes. Toutefois, même avec tous ces changements et mon grand intérêt pour la nourriture, et même si j'adorais cuisiner pour ma famille et mes amis, je ne pensais pas un jour écrire un livre de recettes. Mon métier d'auteure me fait souvent explorer de nouvelles avenues ; et la création est plus inspirante d'un projet à l'autre. Alors, quand l'idée m'est venue, moi, l'auteure de livres sur les anges, sur les chakras, moi, celle qui fait des CD de méditations guidées, de me lancer dans ce projet et d'en parler à mon éditeur, on aurait pu réfréner mon idée, mais non : toute l'équipe des Éditions AdA a embarqué dans cette fabuleuse aventure. Je suis vraiment privilégiée.

Je venais tout juste de terminer l'écriture d'un roman, et après avoir travaillé plus de neuf mois sur une histoire vraiment merveilleuse et qui me ressemble, je me suis plongée tête première dans une nouvelle quête sans pour autant connaître ce qu'impliquait travailler sur un livre de recettes. Mais j'étais prête à le faire. J'ai pris les photos, et je dois dire que je ne suis pas photographe. Certes, j'aimais prendre quelques clichés de mes plats, mais je ne connaissais rien à la photographie culinaire. J'ai eu un très grand plaisir à faire les photos et le stylisme culinaire. Je voulais réellement que ce livre soit à mon image. J'ai appris la photographie culinaire de jour en jour; au fil des recettes et des décors que je créais, j'apprenais à utiliser mon nouvel appareil photo, superbe et complexe. Au tout début de l'aventure, j'ai reçu les précieux conseils de Mélanie Bellemare, photographe professionnelle, qui m'a aidée à comprendre la manière de prendre en photo des aliments avec la lumière naturelle. J'ai visité son studio, et elle m'a montré les bases pour entamer les séances photo. Mélanie possède un merveilleux talent de photographe culinaire qui nous plonge dans son univers et sa manière de rendre un aliment toujours plus appétissant. J'étais donc prête à me lancer à l'eau; et j'ai adoré. Chaque jour était une nouvelle découverte; je me hâtais de créer les décors et l'esthétisme, tout en gardant en tête le côté épuré et rafraîchissant que je voulais donner à mes photos. Je suis très fière de ce que j'ai accompli; je suis consciente que mes photos ne sont pas parfaites, mais je suis heureuse du résultat.

J'ai voulu écrire plus qu'un simple livre de recettes : je désirais apporter mes conseils, mais surtout offrir des anecdotes afin que vous puissiez entrer dans *ma cuisine* et *mon chez-moi*, comme si nous partagions un repas entre amis. J'ai inséré des photos afin de mieux vous faire découvrir mon cheminement; un reflet de mon enfance jusqu'à aujourd'hui. J'aime pouvoir ainsi ouvrir une partie de ma vie afin de vous inspirer et de vous montrer que tout est possible. Je devais également faire un choix : ajouter des termes complexes en nutrition; parler de lipides, de protéines, de fibres, de calories, de photo-éléments, de glucides; ou rester plus simple dans ma manière d'aborder les recettes.

J'ai choisi la simplicité, car pour moi, être végétalienne signifie avant tout être en harmonie dans mon corps et mon esprit; me nourrir d'aliments vivants; avoir l'impression de ne pas surcharger mon système, mais plutôt lui apporter une dose de vitamines. Je me soucie de consommer les vitamines et minéraux dont mon corps a besoin, mais avec ce premier livre, je voulais avant tout vous apporter des conseils et des idées, sans pour autant vous surcharger d'informations complexes. Ce livre n'est pas un cours ; et vous verrez que je ne prétends pas tout connaître de la nutrition et ne peux vous garantir des recettes dites « santé » à 100 %. Je partage avec vous mes recettes afin de vous apporter des idées de repas et de l'inspiration dans votre démarche vers de meilleures habitudes alimentaires.

J'ai commencé une formation en nutrition, et ce que j'apprends est très enrichissant. Je voulais surtout démontrer que manger végétalien, c'est avant tout simple, bon et délicieux sans pour autant être entièrement restrictif. J'aurais pu couper tous les sucres, le gluten et le gras dans mes recettes (car oui, c'est possible), mais je voulais conserver un minimum de plaisir. Je me considère comme une végétalienne rebelle ! Il y a toutefois plusieurs recettes dans ce livre qui sont sans gluten. J'aime explorer des idées, j'aime essayer de nouveaux goûts et j'aime surtout le faire dans un but précis : acquérir de bonnes habitudes alimentaires.

On m'a déjà dit que mon corps était mon véhicule, et qu'ainsi, j'étais semblable à une voiture. La voiture a besoin d'essence et j'ai besoin de nourriture. C'est ainsi que je pense : je dois me nourrir convenablement afin d'apporter de l'énergie à mon corps. J'espère que vous aimerez mes recettes, et que vous les partagerez avec votre famille et vos amis. Je voulais que mon premier livre de recettes soit accessible à plus de gens possible.

Pour chaque recette, vous pourrez retrouver les mentions : « Coup de cœur » , « Sans noix » ou « Sans gluten » .

Bon appétit,

Karine

JOURNAL DE BORD

Mes inspirations

Colombe Plante

Colombe Plante est naturopathe, conférencière et auteure de nombreux livres de recettes végétaliennes. Elle offre également plusieurs ateliers et cours sur la saine alimentation. Je l'ai rencontrée pour la première fois dans un salon du livre, alors que nous présentions toutes les deux nos livres. Son amour pour son métier est inspirant. Elle parle avec passion de l'alimentation santé. Chaque fois que j'ai des questions concernant la nutrition, elle y répond avec plaisir. Dans presque tous les salons du livre, nous sommes assises l'une à côté de l'autre, puisque nous avons le même éditeur. Je vois comment elle interagit avec ses lecteurs; elle dégage beaucoup de profondeur d'âme et d'inspiration. Ses livres de recettes ont une place de choix dans ma cuisine; et elle a pris soin de les dédicacer un par un avec un petit mot rempli d'attention. Colombe est une grande inspiration pour moi. Merci, Colombe.

Trois fois par jour

En décembre 2013, tout juste avant de fonder Les anges dans ma cuisine, je me questionnais à savoir si c'était une bonne idée de partager mes recettes; après tout, je ne suis pas chef cuisinière. J'avais besoin d'inspiration et d'un signe qui m'indiquerait que je devais le faire. Je naviguais sur Facebook et je suis tombée sur la page de Trois fois par jour. J'ai reconnu

Marilou, chanteuse, mais j'ignorais qu'elle avait un blogue culinaire. J'ai regardé quelques-unes de ses vidéos de recettes et je les trouvais intéressantes. Bien que ses recettes ne soient pas végétaliennes, j'aimais l'énergie qu'elle dégageait dans ses vidéos ; elle ne se prenait pas trop au sérieux et elle avait une belle complicité avec son conjoint, Alexandre, cofondateur et photographe. Je me suis lancée. Ils venaient tous les deux de m'inspirer et de me charmer avec leur merveilleux projet. J'ai écrit un mot à Marilou, et j'ai été surprise, et bien heureuse, de recevoir une réponse de sa part. Je venais tout juste de créer une page Facebook Les anges dans ma cuisine ; elle m'a écrit qu'elle allait aller y jeter un coup d'œil. J'ai trouvé cela très gentil de sa part. Merci, Marilou.

Hubert Cormier

Hubert Cormier est nutritionniste, diététiste et auteur. Je l'ai rencontré pour la première fois au Salon du livre de Québec alors qu'il venait tout juste de publier son premier livre, *À bas les kilos*. J'ai engagé la conversation avec lui et j'ai trouvé notre échange très agréable. Puis, j'ai pris rendez-vous à son bureau de Montréal, car j'avais de nombreuses questions. Je désirais savoir si je consommais suffisamment de calories. Dans les mois précédents, j'avais perdu plus de 11 kg (25 lb) à cause de mon syndrome d'épuisement professionnel. Je voulais donc savoir si mes repas étaient bien adaptés. Il m'a montré à prendre des repas plus consistants afin que je n'aie pas faim une heure après avoir mangé. Il m'a également expliqué en quoi consistent les calories que je consomme, puisque j'ai une alimentation végétalienne et que j'ingère moins de calories que si je consommais de la viande et des produits laitiers. Son aide m'a été très précieuse. Hubert est très attentionné et à l'écoute. Notre rencontre m'a été très bénéfique. J'ai adoré son second livre, *Non coupable : Libérez-vous de votre culpabilité alimentaire*, qui nous montre à ne pas nous sentir envahis de culpabilité chaque fois que nous nous offrons une petite douceur. Merci, Hubert.

Jamie Oliver, Haylie Duff et les autres

Ailleurs qu'au Québec, il y a plusieurs chefs cuisiniers et personnalités publiques qui m'ont inspirée de par leur engagement et leur passion pour la nourriture. Parmi ceux-ci, il y a Jamie Oliver, qui, à défaut de ne pas être végétalien, prône tout de même une saine alimentation chez les jeunes dans les écoles afin d'enrayer définitivement la malbouffe des établissements d'enseignement à travers l'Amérique du Nord, mais aussi ailleurs dans le monde. Sa notoriété donne du poids à son message visant à ce que les jeunes d'aujourd'hui puissent connaître et apprendre ce que sont de bonnes habitudes alimentaires. Bravo, Jamie.

Haylie Duff, d'abord actrice et chanteuse, a fondé le blogue culinaire *Real Girl's Kitchen* avant d'en faire une émission de télévision et, par la suite, un livre. C'est surtout sa passion et sa simplicité qui m'ont poussée à regarder son émission. Étant une femme dans un milieu largement masculin, elle m'inspire à aller plus loin avec mon projet Les anges dans ma cuisine. Et surtout, elle montre qu'on n'a pas besoin d'être un chef professionnel pour transmettre le goût de cuisiner. Les gens aiment les plats simples et rapides à faire.

D'autres personnes du milieu culinaire, et plus particulièrement celles qui cuisinent végétarien/végétalien, m'inspirent, de par leur dévouement et leur persévérance, à faire connaître une alimentation saine, sans produits d'origine animale et le plus souvent biologique. Elles sont moins connues, moins visibles sur la scène culinaire, mais j'espère qu'elles le seront de plus en plus avec le temps.

C'est de famille

Les cuisinières de ma famille étaient mes grands-mères, Claire et Yvette, et aussi ma mère. Elles m'ont transmis l'amour de la confection des plats. Petite, je me souviens que j'aimais regarder ma grand-mère maternelle, Claire, cuisiner ses recettes

de pâtés au poulet ou ses confitures de fraises ; la voir ainsi m'a donné le goût d'apprendre. Je me souviens de sa recette de rouleaux de printemps ; un vrai délice. Elle nous a quittés il y a plusieurs années, mais son souvenir résonne à jamais en moi. Chaque fois que je cuisine, j'ai une pensée pour elle.

Ma grand-mère paternelle, Yvette, cuisinait des plats plus chargés, souvent garnis de viande et de pommes de terre ; ayant vécu une partie de sa vie à la campagne, elle savait comment nourrir toute sa famille. Une des recettes dont toute la famille se souvient est son fameux riz au caramel. Personnellement, je n'en raffolais pas, mais j'aimais observer mon père et mon frère en redemander. Yvette a rejoint le ciel, et je suis certaine que de là-haut, elle murmure aux autres membres de ma famille sa recette si populaire.

Ma mère, Francine, s'est toujours assurée que nous ne manquions de rien. Nous avions trois repas par jour, généreux et délicieux, et nous les dégustions avec joie. J'ai de très beaux souvenirs de ces repas partagés avec mon frère et mes parents. Ma mère m'a montré à cuisiner ; à faire des biscuits, des gâteaux, des muffins ; à faire cuire des légumes ; à préparer le petit-déjeuner garni d'œufs et des recettes de soupes et de rôtis. Et d'aussi loin que je me souvienne, j'ai toujours aimé ça. Depuis toujours, j'aime créer de nouveaux plats et j'ai l'assurance de le faire grâce à ma mère. Elle a été d'une aide précieuse à la création de ce livre en testant mes recettes et en m'aidant à ajuster le goût de certains plats. Merci, maman.

Souvenirs d'enfance

De nombreux souvenirs de mon enfance sont reliés la nourriture. Je me souviens que chaque matin de Pâques, je me hâtais de me rendre à la salle à manger, où je savais qu'il y aurait des lapins en chocolat, des poules et toutes sortes de friandises. Mon frère en recevait également, et nous nous amusions à compter le nombre de chocolats reçus pour être certains d'en avoir chacun le même nombre. C'était toujours égal, bien sûr. Nous avions également quelques poules et coqs dans la cour, et j'adorais les nourrir et aller chercher les œufs frais le matin. Il y a aussi ces voyages à Wildwood (États-Unis) où nous aimions aller pour profiter de la plage, mais également de l'excellent fondant (*fudge*) au chocolat et nature. Il y avait une jolie boutique où on pouvait observer la fabrication de cette gourmande friandise. Nous salivions seulement à regarder les gens travailler. Nous repartions avec un sac rempli de fondant. Ces souvenirs sont surtout précieux non pas en raison du fondant ou du chocolat, mais parce que nous étions tous les quatre : mes parents, mon frère et moi. Et c'est ce qui résonne encore en moi. En vieillissant, on perd peu à peu de cette notion pourtant si importante de l'instant présent; on se laisse embarquer dans un flot continu de travail et on en oublie souvent l'essentiel. Partager des repas en famille et des moments comme ceux-là est pourtant si précieux.

Voyager végétalien

Il n'est pas toujours facile de se nourrir, lorsqu'on voyage végétalien. Selon le pays où on se trouve, il peut être ardu de trouver un restaurant où on pourra manger. J'ai voyagé en Europe, aux États-Unis, au Mexique ; et pour être honnête, le conseil que je vous donne est de trouver une épicerie près de votre hôtel et de vous procurer quelques aliments. Ce n'est pas aux États-Unis que j'ai eu le plus de facilité à trouver de la nourriture que je mange et que je digère. Encore là, ça dépend toujours de la ville. Par exemple, quand je me suis retrouvée à Las Vegas, entourée d'énormes buffets dans ces hôtels tous plus chics les uns que les autres, j'avoue que mon tofu et mon quinoa me manquaient. J'avais beau chercher de quoi me rassasier, à part quelques bouts de pain croûté, des salades et des fruits, la nourriture était assez limitée. En plus, leurs plats de pâtes étaient le plus souvent garnis de boulettes de viande et leurs pizzas dégoulinaient de fromage.

Selon le nombre de jours de notre voyage, si on loge dans un hôtel, ou si on loue une maison ou un appartement, il est beaucoup plus facile de se procurer des aliments à l'épicerie qu'au restaurant. En France, j'ai trouvé des produits bio dans les épiceries, des boissons végétales et une grande quantité d'aliments que je consomme. Il y avait des marchés publics, des fruits et des légumes, et que dire de leurs boulangeries, où la fameuse baguette prend toute la place. J'ai eu plus de facilité à bien me nourrir sans dépenser une fortune dans les restaurants.

Au Mexique, même si on se retrouve généralement dans les complexes hôteliers, les buffets sont énormes ; ils regorgent de légumes, de fruits, de salades, de légumineuses et de pain. On réussit à bien manger.

Je vous suggère de louer un petit réfrigérateur dans votre chambre d'hôtel, que vous vous retrouviez aux États-Unis, en

Europe ou ailleurs dans le monde, même au Québec. Procurez-vous des jus, des boissons végétales, des noix, des céréales, des fruits séchés, des compotes de fruits ; vous pourrez ainsi prendre des collations et même peut-être le petit-déjeuner.

Au restaurant, vous pouvez commander des salades, des pâtes, de la pizza sans fromage ; vous trouverez des restaurants qui offrent même du tofu et des plats de légumineuses. Certains endroits offrent des repas sans gluten. Le choix est plus grand pour les végétariens que pour les végétaliens ; nous sommes plus limités et devons vérifier si les repas ne contiennent pas, outre de la viande, d'œufs et de produits laitiers.

Coups de cœur culinaires

Voici quelques appareils culinaires qui me sont indispensables dans la cuisine. La plupart des recettes ont été conçues avec l'un ou l'autre de ces appareils. Par contre, il n'est pas nécessaire de posséder ces outils de cuisine pour réaliser les recettes de ce livre (sauf pour les jus et les smoothies).

Centrifugeuse

Depuis que j'en possède une, je ne peux plus m'en passer. Simple d'utilisation, elle permet de faire d'excellents jus rapidement. Elle est également facile d'entretien. J'adore. J'en possède une de marque Omega.

Batteur sur socle

Mon accessoire de cuisine préféré, et possiblement celui que j'utilise le plus souvent ; pour des biscuits, des muffins, de la pâte à pizza ou à pain, des crêpes. Elle permet un usage multiple. Je ne pourrais plus m'en passer. J'en possède un de marque KitchenAid.

Mélangeur

Je l'utilise pour les smoothies, pour moudre les graines de lin et de chia, et les amandes, et pour les vinaigrettes. C'est un outil idéal pour les petites portions. Le mien est de marque NutriBullet.

Robot culinaire

Outil de cuisine indispensable, le robot culinaire permet de hacher, de râper, de mélanger ; bref, c'est un accessoire très utile et qui nous fait épargner beaucoup de temps.

Remplacez par ce que vous aimez

Je partage mes recettes, et je désire avant tout qu'elles soient inspirantes et vous donnent le goût de cuisiner ; autant pour les végétariens et végétaliens que pour ceux qui consomment de la viande et qui désirent explorer l'alimentation sans produits d'origine animale. Il se peut que vous désiriez remplacer quelques-uns des ingrédients que j'utilise ; voici quelques suggestions qui vont dans les deux sens. Vous retrouverez ces articles en épicerie et en boutique de produits naturels.

Margarine végétale

Huile de canola
Huile de pépins de raisins
Huile de noix de coco vierge
Huile de tournesol
Beurre d'arachides

* Notez que le goût et la texture vont changer. Achetez de préférence bio.

Farine blanche non blanchie

Farine sans gluten
(sarrasin, maïs, noix de coco, lentilles, tapioca, millet, riz, pois chiches, ou une combinaison de farines sans gluten)

* Notez que la texture sera différente ; vous devrez peut-être utiliser plus de liquide.

Mayonnaise végétale

Tofu soyeux

Noix

Selon le type de recette, il suffit de ne pas en mettre ou de les remplacer par des fruits séchés, des grains de chocolat ou des céréales comme du riz soufflé ou des flocons de maïs.

Beurre d'arachides

Beurre d'amandes
Beurre de soya (ressemble au beurre d'arachides)

Tamari

Sauce soya

* Notez que j'utilise le tamari sans gluten, tandis qu'il y a du gluten dans la sauce soya.

Sucre de canne

Stévia
Sirop d'érable
Sirop d'agave
Cassonade

Mon garde-manger

Voici les aliments indispensables qu'on retrouve toujours dans mon garde-manger et que je vous conseille d'avoir aussi. On les retrouve dans la plupart des recettes végétaliennes.

Céréales et légumineuses

Le quinoa, le riz, l'avoine, le millet, l'épeautre, le sarrasin, les lentilles, les pois chiches et les haricots sont des aliments qu'on consomme en grande quantité dans une alimentation végétalienne ; et on les incorpore facilement dans de nombreuses recettes.

Levure alimentaire

Source de fer et de vitamine B_{12}, nécessaires pour la santé, la levure alimentaire s'ajoute aux soupes, aux vinaigrettes, aux repas de pâtes et aux sandwichs. Son utilité est polyvalente. Elle donne du goût aux recettes.

Huiles et vinaigres

J'utilise le plus souvent l'huile d'olive pour ses vertus, dont la diminution des risques de maladies cardiovasculaires, du taux de mauvais cholestérol et de la pression artérielle. Mais j'aime également prendre d'autres sortes d'huiles dans mes recettes, comme l'huile de sésame, de pépins de raisins et de noisette, qui se prêtent aussi bien aux vinaigrettes, aux sauces et aux repas chauds. Prenez soin de les acheter bio. Mon vinaigre préféré est le vinaigre de cidre, surtout pour ses bienfaits : il favorise la digestion, est antiseptique, soulage les maux de tête et la gorge, et abaisse la pression artérielle. Il s'ajoute aux vinaigrettes, aux confitures et aux repas de pâtes.

boissons végétales

Boissons de soya, de riz, de noix de coco, d'amande ou d'avoine ; leur diversité est grande, ainsi que leur utilisation dans les recettes. Il est nécessaire de toujours en avoir à portée de main. La boisson de soya contient plus de calcium que les autres sortes.

Sirop d'érable

Sucre naturel, le sirop d'érable est idéal pour remplacer le sucre raffiné dans les recettes ; il ne contient pas d'additifs chimiques et provient de la sève de l'érable. Je l'adore quand je cuisine les desserts, mais également pour les vinaigrettes et les collations. Son goût est plus ou moins prononcé, et apporte une touche délicatement sucrée.

Noix et graines

Sources de gras essentiels, les noix et les graines sont nombreuses : noix de Grenoble, cajous, pacanes, noix de macadamia, noix du Brésil, pistaches, graines de tournesol, graines de sésame, amandes, noisettes, arachides. Elles sont caloriques et leurs apports nutritifs sont nombreux. On les cuisine dans une multitude de plats, dans des salades, dans les muffins, les sauces et les vinaigrettes, peu importe le repas, et même au dessert ! Elles sont aussi excellentes nature, comme simple collation.

Fruits séchés

J'en raffole, et mes préférés sont les canneberges ; mais j'aime aussi les raisins, les dattes, les cerises et les bleuets. Ils s'ajoutent aux granolas, aux muffins, aux salades et à certains plats de légumineuses. En plus, si on possède un déshydrateur, on peut faire sécher soi-même les fruits et les légumes.

Cacao cru

Je l'ai découvert depuis peu et je l'utilise maintenant régulièrement en smoothie et dans les collations. Il est une source de fer et de magnésium, et il donne un bon goût aux recettes.

Farines

Farine blanche, sans gluten, de sarrasin, de pois chiches, de noix de coco, de riz ; il en existe une multitude sur le marché. J'aime créer de nouvelles recettes et essayer d'autres farines que la simple farine blanche. Petit conseil : si vous n'êtes pas habitué de cuisiner avec autre chose que la farine blanche, je vous suggère d'intégrer doucement une nouvelle farine à une de vos recettes existantes en commençant par 60 ml (¼ tasse), jusqu'à ce que vous y soyez habitué et que vous ayez goûté et vu la texture de votre recette, qui sera différente.

Épices et herbes

Je trouve que les épices et les herbes sont essentielles dans les recettes. Elles contiennent des vertus, et j'aime leur goût parfois épicé, doux, amer, sucré, qui rehausse les recettes. Mes préférées : graines de céleri, curcuma, poivre noir, basilic, origan, thym et muscade.

Chapitre 1

JUS, SMOOTHIES ET PETITS-DÉJEUNERS

CRÈME AUX BANANES ET AUX DATTES

1 à 2 portions

Le repas que je préfère est le petit-déjeuner. Je me lève tôt et j'aime prendre le temps de manger. Parfois, les idées de repas manquent, et j'aime varier. Cette recette de crème est rapide à faire le matin, mais vous pouvez la préparer le soir avant de vous coucher. Au matin, votre repas sera prêt. Vous pouvez l'accompagner de fruits frais, de rôties ou de muffins.

1 banane
4 à 5 dattes Medjool ou ordinaires
60 ml (¼ tasse) de flocons d'avoine à cuisson rapide
60 ml (¼ tasse) de boisson de soya ou aux amandes
30 ml (2 c. à soupe) de beurre d'arachides
15 ml (1 c. à soupe) d'huile de noix de coco vierge

1. Si ce ne sont pas des dattes Medjool, les déposer dans l'eau tiède environ 10 minutes ou jusqu'à ce qu'elles ramollissent.
2. Placer ensuite tous les ingrédients (et les dattes) dans un robot culinaire et réduire jusqu'à l'obtention d'une consistance homogène.
3. Réfrigérer de 1 à 2 heures.

CRÊPES NATURE

4 portions ou 7 à 8 crêpes

Depuis que j'avais délaissé les produits laitiers et les œufs, je n'avais pas eu l'idée de refaire des crêpes. Je croyais qu'il fallait absolument des œufs pour qu'une crêpe soit bonne. Puis, un jour, ma mère m'en a préparé et je les ai adorées. Les crêpes font un bon petit-déjeuner ou peuvent être servies au brunch, avec du sirop d'érable et des fruits frais. On peut même les garnir de légumes et les manger pour le dîner.

500 ml (2 tasses) de farine blanche non blanchie
15 ml (1 c. à soupe) de sucre
10 ml (2 c. à thé) de levure chimique
625 ml (2½ tasses) de boisson de soya
5 ml (1 c. à thé) d'extrait de vanille pure
Huile de canola ou margarine végétale, pour la cuisson

1. Dans un grand bol (ou dans le bol du batteur sur socle), mélanger la farine, le sucre et la levure chimique. Ajouter la boisson et l'extrait de vanille. Bien mélanger jusqu'à ce qu'il n'y ait plus de grumeaux.

2. Dans une poêle à feu moyen, déposer une petite quantité d'huile de canola ou de margarine végétale, attendre que la poêle soit chaude et y verser une louche de mélange à crêpes. Cuire environ 2 minutes de chaque côté, ou jusqu'à ce que le crêpe soit dorée.

LEGENDS OF CHINA
LEGENDS OF CHINA

Lait

GRANOLA MAISON

6 à 8 portions

Je l'avoue, je grignote le soir avant de me coucher. Je ne mange pas beaucoup en journée et quand arrive 21 h, le moment où je commence à me détendre, j'ai faim. Je mange alors le plus souvent un bol de céréales. Et depuis que je prépare ma recette de granola, j'en raffole. Mais je peux très bien en manger au petit-déjeuner avec un morceau de banane et des fruits.

80 ml (⅓ tasse) de sirop d'érable
60 ml (¼ tasse) d'huile de noix de coco vierge
750 ml (3 tasses) de flocons d'avoine précuits
80 ml (⅓ tasse) de graines de lin doré non moulues
250 ml (1 tasse) d'amandes effilées
250 ml (1 tasse) de graines de citrouille
250 ml (1 tasse) de pacanes hachées

1. Préchauffer le four à 175 °C (350 °F).

2. Dans une casserole, faire chauffer le sirop d'érable et l'huile de noix de coco vierge environ 2 ou 3 minutes, jusqu'à ce que ce le mélange arrive à ébullition. Éteindre le feu et réserver.

3. Dans un bol, mélanger les flocons d'avoine, les graines de lin, les amandes, les graines de citrouille et les pacanes.

4. Verser le mélange de sirop d'érable et d'huile de noix de coco dans le bol de flocons d'avoine et bien mélanger.

5. Tapisser une plaque à biscuits de papier parchemin, et y verser le mélange de granola. Mettre au four de 18 à 20 minutes. À la moitié du temps de cuisson, brasser le granola et le remettre au four.

CONFITURES DE FRAISES ET DE GRAINES DE CHIA

4 à 5 pots de 250 ml (1 tasse) chacun

Chaque fois que je cuisine des confitures, j'ai une pensée pour ma grand-mère maternelle, Claire, qui excellait dans la préparation des conserves. En ajoutant cette recette au livre, je n'ai pas la prétention de réinventer les recettes de confitures, mais je souhaite tout simplement réduire la quantité de sucre et ajouter des graines de chia, excellentes pour leurs nombreuses vertus ; elles sont bonnes pour les os, améliorent le sommeil, sont bénéfiques pour la peau, équilibrent le taux de sucre dans le sang, protègent le cœur, contiennent beaucoup de fibres et des oméga-3, et sont une grande source de protéines. Et puis, quoi de meilleur qu'une tartine à la confiture de fraises ?

2 l (8 tasses) de fraises fraîches
500 ml (2 tasses) de sucre de canne
15 ml (1 c. à soupe) de jus de citron
30 ml (2 c. à soupe) de sirop d'érable
30 ml (2 c. à soupe) de graines de chia

1. Dans un chaudron à feu moyen, déposer les fraises et le sucre, et attendre que le sucre fonde avant de baisser le feu et d'ajouter le jus de citron et le sirop d'érable. Faire cuire environ 15 minutes, jusqu'à ce que les fraises soient presque cuites.
2. Ajouter les graines de chia et baisser à feu doux. Cuire 10 minutes.
3. Écraser les fraises à l'aide d'un pilon à pommes de terre, au goût.
4. Fermer le feu et transvider les confitures dans des pots.

SMOOTHIE CHOCO-FRUITÉ

1 portion

Les smoothies sont d'excellents repas du matin qui regorgent de vitamines, de fibres et de minéraux. C'est une des manières que j'ai trouvées pour consommer des fruits, car je l'avoue, j'ai toujours préféré manger des légumes. Je sers mon smoothie dans un bol, un verre ou un pot Mason, et je l'accompagne parfois de céréales, de fruits séchés ou de noix. Je trouve que l'été est la saison idéale pour consommer des smoothies, surtout parce que c'est la saison des petits fruits. J'ajoute du cacao cru à cette recette, car il est une source de fer, de vitamine B_{12} et de potassium ; il contient également des fibres et des antioxydants. Le cacao apporte de l'énergie pour bien démarrer la journée et remplace très bien le café. Petite suggestion : vous pouvez remplacer la boisson de soya par de l'eau de noix de coco.

4 à 5 fraises fraîches ou congelées
1 banane
125 ml (½ tasse) de boisson de soya
60 ml (¼ tasse) de canneberges fraîches ou congelées
60 ml (¼ tasse) de bleuets frais ou congelés
15 ml (1 c. à soupe) de sirop d'érable
15 ml (1 c. à soupe) de cacao cru
15 ml (1 c. à soupe) de graines de lin moulues

1. Mettre tous les ingrédients dans le mélangeur.

SMOOTHIE À LA PÊCHE

1 portion

1 grosse pêche blanche*
3 à 4 fraises fraîches ou congelées
125 ml (½ tasse) de boisson de soya
15 ml (1 c. à soupe) de graines de chia moulues
15 ml (1 c. à soupe) de sirop d'érable
2,5 ml (½ c. à thé) d'essence de vanille

1. Mettre tous les ingrédients dans le mélangeur.

* La pêche blanche est plus sucrée que la pêche ordinaire.

SMOOTHIE DU VERGER

1 portion

2 moyennes pommes rouges McIntosh
125 ml (½ tasse) de boisson aux amandes
60 ml (¼ tasse) de Granola maison (page 23)
15 ml (1 c. à soupe) de graines de lin moulues
15 ml (1 c. à soupe) de sirop d'érable
2,5 ml (½ c. à thé) de cannelle moulue

1. Passer tous les ingrédients au mélangeur.

BOL DE SMOOTHIE VERT CRÉMEUX

2 portions

On retrouve plusieurs recettes avec le chou *kale*, allant des smoothies aux potages, et cet engouement découle de ses vertus : il contient des oméga-3 et du calcium, soulage l'arthrite et protège les os. Les gens l'aiment ou le détestent, car le chou *kale* peut être très coriace, mais il en existe plusieurs variétés. Il suffit d'y goûter afin de faire son choix. Pour aimer ce smoothie vert, vous devez aimer le goût du chou *kale*. Plus vous en mangerez, plus vous vous habituerez à sa texture et à son goût amer.

2 bananes
2 poignées de chou *kale*
250 ml (1 tasse) de boisson de soya
60 ml (4 c. à soupe) de flocons d'avoine à cuisson rapide
30 ml (2 c. à soupe) de graines de chia moulues
30 ml (2 c. à soupe) de sirop d'érable
Filet de jus de citron (facultatif, pour rehausser le goût)

1. Passer tous les ingrédients au mélangeur.
2. La texture sera crémeuse. Verser dans un bol et ajouter des céréales, des noix ou des fruits séchés.

J'opte souvent pour les canneberges, mais un autre fruit séché peut faire l'affaire : raisins, cerises, bleuets, bananes, fraises ou dattes.

JUS RÉVEILLE-MATIN

1 portion

Lorsque j'ai découvert les bienfaits des jus de légumes, je ne pouvais plus m'en passer. Il arrive que j'aie un petit creux en après-midi, et je cherche souvent des idées de collations sans sucre ajouté. Un verre de jus me redonne toujours de l'énergie, comme si je recevais une grande dose de vitamines, et je peux ensuite tenir jusqu'au dîner. C'est simple, rapide, et le jus se fait très bien dans une centrifugeuse. On peut aussi boire un verre de jus le matin au réveil, à jeun, et ensuite prendre le petit-déjeuner. J'aime particulièrement tester de nouveaux jus ; je peux alors noter la combinaison de légumes et de fruits que je préfère. Quand c'est la saison des fraises, pourquoi ne pas en ajouter dans les jus ? Dégustez ! Donne un regain d'énergie en journée.

4 moyennes carottes
2 branches de céleri
5 à 6 fraises fraîches

1. Passer tous les aliments à la centrifugeuse.

Carotte : contient du bêta-carotène, des fibres ; est bonne pour le foie ; réduit le mauvais cholestérol ; renforce le système immunitaire.

Céleri : contient des vitamines A et C, du calcium, du fer, du potassium et des fibres digestives ; et soulage les rhumatismes.

Fraise : contient de la vitamine C et des antioxydants, est dépurative et diurétique.

JUS ÉNERGISANT

1 portion

1 moyenne betterave
1 branche de céleri
1 moyenne carotte
½ poivron vert

1. Passer tous les aliments à la centrifugeuse.

Betterave : contient du potassium, du fer, de l'acide folique (groupe B), mais est déconseillée aux diabétiques.

Céleri : contient des vitamines A et C, du calcium, du fer, du potassium et des fibres digestives ; et soulage les rhumatismes.

Carotte : contient du bêta-carotène, des fibres ; est bonne pour le foie ; réduit le mauvais cholestérol ; renforce le système immunitaire.

Poivron vert : contient de la vitamine C, des sels minéraux, des vitamines du groupe B ; aide le système immunitaire et réduit les maladies cardiovasculaires.

JUS VERT

1 portion

Ce jus est bon pour le système immunitaire.

1 moyenne ou 2 petites pommes rouges
1 poignée d'épinards
2 branches de céleri
Filet de jus de citron
Quelques brins de persil

1. Passer tous les aliments à la centrifugeuse.

Pomme : contient des vitamines, des sels minéraux, des antioxydants et de la pectine ; est diurétique ; diminue le mauvais cholestérol et combat la carie.

Persil : plante aromatique qui contient des vitamines A, B et C, des sels minéraux et de la chlorophylle ; est vermifuge et antiseptique.

Épinard : contient des fibres, des vitamines C et E, et de la chlorophylle ; est bon pour les yeux et les intestins.

Céleri : contient des vitamines A et C, du calcium, du fer, du potassium et des fibres digestives ; et soulage les rhumatismes.

JUS « LA BEAUTÉ DES ANGES »

1 portion

Ce jus est bénéfique pour la peau.

2 ou 3 tomates
2 pommes rouges
2 moyennes carottes

1. Passer tous les aliments à la centrifugeuse.

Tomate : contient des vitamines A, B et C, des oligo-éléments, des sels minéraux et du lycopène ; est bénéfique pour les yeux et la digestion ; et réduit l'effet des radicaux libres.

Pomme : contient des vitamines, des sels minéraux, des antioxydants et de la pectine ; est diurétique ; diminue le mauvais cholestérol et combat la carie.

Carotte : contient du bêta-carotène, des fibres ; est bonne pour le foie ; réduit le mauvais cholestérol ; renforce le système immunitaire.

SANDWICH GRILLÉ AUX FRAMBOISES ET À L'ÉRABLE

2 portions

Les framboises ne sont pas mon fruit préféré, j'en mange d'ailleurs rarement, mais en sandwich grillé, j'aime tout particulièrement le goût. Personnellement, j'avoue que je mange mes sandwichs grillés au déjeuner au lieu du petit-déjeuner. C'est aussi une bonne recette à servir dans un brunch.

4 tranches de pain croûté blanc
4 à 6 tranches de fromage de soya (ou de riz)
125 à 250 ml (½ à 1 tasse) de framboises fraîches
Sirop d'érable, au goût
Margarine végétale (facultatif, pour badigeonner le pain)
Huile de canola

1. Sur 1 tranche de pain, ajouter 1 tranche de fromage, des framboises, un peu de sirop d'érable et 1 autre tranche de fromage. Recouvrir ensuite avec 1 autre tranche de pain. Répéter avec le reste des ingrédients

2. Badigeonner 2 côtés des tranches de pain de margarine (facultatif).

3. Dans une poêle chaude, ajouter une noix de margarine végétale (permet de dorer le pain) ou environ 15 ml (1 c. à soupe) d'huile de canola, et y déposer les sandwichs. Cuire de 2 à 3 minutes de chaque côté.

GOURMANDISE DU MATIN AUX BANANES

8 à 10 morceaux

Le dimanche matin est le seul moment où je me permets de commencer la journée plus lentement que d'habitude. J'aime manger différemment des autres matins. Quand j'ai préparé cette recette de gourmandise aux bananes, j'ai compris que c'était ce type de repas facile et délicieux à préparer qui me convenait le dimanche matin.

80 ml (⅓ tasse) d'huile de noix de coco vierge
60 ml (¼ tasse) de sirop d'érable
60 ml (¼ tasse) de sucre de coco
30 ml (2 c. à soupe) de graines de lin moulues
2 bananes, écrasées
375 ml (1½ tasse) de farine sans gluten
60 ml (¼ tasse) de farine de noix de coco
5 ml (1 c. à thé) de levure chimique

1. Préchauffer le four à 175 °C (350 °F).

2. Dans un bol, mélanger l'huile de noix de coco, le sirop d'érable, le sucre de coco et les graines de lin. Ajouter les bananes. Puis, ajouter la farine sans gluten, la farine de noix de coco et la levure chimique. Mélanger. Mettre dans un moule à gâteau rond ou carré d'environ 22,5 cm (9 po).

3. Sur la grille du milieu, cuire de 20 à 22 minutes, jusqu'à ce qu'un cure-dent en ressorte sec.

TOFU BROUILLÉ

2 portions

Lorsque je consommais des œufs, c'était surtout dans les pâtisseries, et rarement des omelettes ou des œufs à la coque. J'aimais bien les œufs brouillés avec des rôties, le tout accompagné de ketchup. Maintenant que je ne mange plus d'œufs, j'ai voulu recréer les œufs brouillés avec du tofu, et j'avoue que j'adore le résultat.

½ bloc de tofu, rincé et asséché
125 ml (½ tasse) de boisson de soya
60 ml (¼ tasse) de farine de pois chiches
30 ml (2 c. à soupe) de levure alimentaire
2,5 ml (½ c. à thé) de curcuma
Poivre, au goût
1 petit poivron rouge, coupé en dés
1 petit poivron vert, coupé en dés
15 ml (1 c. à soupe) d'huile d'olive
2 ou 3 tomates, tranchées en lanières
1 ou 2 concombres, tranchés en lanières

1. Avec une fourchette, égrener le bloc de tofu.
2. Dans un bol, mélanger la boisson , la farine de pois chiches, la levure alimentaire, le curcuma et le poivre. Réserver.
3. À feu moyen, faire revenir les poivrons dans l'huile d'olive, ajouter le tofu et cuire de 1 à 2 minutes. Ajouter le mélange de boisson et de farine, puis baisser à feu doux et faire cuire de 4 à 5 minutes.
4. Servir avec les lanières de tomates et de concombres.

Découvrir les bienfaits des jus et des smoothies

La santé dans un verre de jus

Depuis toujours, je préfère les légumes aux fruits ; je ne peux pas dire exactement pourquoi. C'est une question de goût, j'imagine. J'aime une plus grande variété de légumes que de fruits ; que ce soit les champignons, les courgettes, les poivrons, la laitue, les différentes sortes de choux, les concombres, les pois, les haricots, et plus encore. Tandis que pour les fruits, cela se limite aux bleuets, aux fraises, aux pommes et aux bananes. Comme je désirais consommer plus de fruits, j'optais souvent pour inclure des bleuets ou des bananes dans mes céréales, et je prenais une pomme comme collation. Toutefois, je savais très bien que ce n'était pas assez. Dès que j'ai découvert les smoothies pour le petit-déjeuner, j'ai vraiment été enthousiaste à l'idée de pouvoir consommer plus de fruits. Je ne sais pas si vous avez déjà goûté à un smoothie, mais c'est vraiment excellent comme repas et bourré de vitamines et de minéraux. On peut y ajouter des graines de chia ou de lin, des noix, du sirop d'érable, du cacao cru et tellement d'autres bons ingrédients. Les fibres (pulpe) sont réduites dans un mélangeur et on obtient une boisson épaisse. Pour avoir plus de facilité à digérer les smoothies, ajoutez-y de l'eau ou de l'eau de noix de coco au lieu des boissons végétales. Boire un smoothie aide à nettoyer l'appareil digestif.

Lorsque ma mère s'est procuré un extracteur à jus, je me demandais réellement si le fait de faire soi-même ses jus valait vraiment la peine. Il s'avère que oui ; vraiment beaucoup. Et depuis qu'elle m'en a fait goûter, je suis tombée amoureuse des jus de légumes. Ils sont nutritifs et excellents pour la santé. Voici quelques vertus des jus de légumes :

- Ils sont nutritifs.
- Ils équilibrent le pH du corps.
- Ils donnent un regain d'énergie et peuvent facilement remplacer la caféine.
- Ils sont absorbés plus facilement par le corps étant donné que les fibres (pulpe) ont été retirées.

Comme les fibres sont exclues dans le processus d'extraction, les nutriments se rendent automatiquement dans le sang et on en ressent presque aussitôt un regain d'énergie. En éliminant les fibres, on absorbe plus rapidement les nutriments. J'ajoute aussi un ou deux fruits par jus, pour donner un goût un peu plus sucré, et c'est encore plus délicieux. D'ailleurs, lorsqu'on commence dans la fabrication des jus de légumes, on suggère d'ajouter un ou deux fruits afin que notre corps s'habitue graduellement à l'absorption de tous ces nutriments dans l'organisme, mais aussi pour le goût.

<u>AJOUTER DES LÉGUMES VERTS :</u> de la laitue, du cresson, du chou *kale*, des épinards, du basilic, du céleri, ou des herbes comme la menthe et le persil.

Les jus remplacent ma collation de l'après-midi.

ICTOR

Chapitre 2

COLLATIONS ET MUFFINS

MINI-BOUCHÉES D'AVOINE ET DE CHOCOLAT NOIR

18 à 20 bouchées

Ces mini-bouchées d'avoine et de chocolat sont un vrai délice. La grosseur idéale pour une petite collation en milieu d'après-midi ou un petit creux en soirée. Les vertus du chocolat noir sont nombreuses et il contient du fer. Plus le pourcentage de cacao est élevé, moins il contient de sucre, et meilleur c'est pour la santé. Bon pour l'humeur, il contient des antioxydants et est bénéfique pour le cœur… et pour l'âme.

250 ml (1 tasse) de dattes
125 ml (½ tasse) de flocons d'avoine à cuisson rapide
125 ml (½ tasse) de raisins secs
80 ml (⅓ tasse) d'amandes effilées
80 ml (⅓ tasse) d'arachides non salées
80 ml (⅓ tasse) de noix de coco râpée
60 ml (¼ tasse) de graines de lin moulues
30 à 45 ml (2 à 3 c. à soupe) d'huile de noix de coco vierge
30 à 45 ml (2 à 3 c. à soupe) d'eau
200 g (7 oz) de chocolat noir à 70 %

1. Pour mieux réduire les dattes, les faire tremper dans l'eau tiède environ 10 minutes.

2. Mettre tous les ingrédients sauf le chocolat au robot culinaire et battre jusqu'à ce que le mélange colle. Ajouter un peu d'eau ou d'huile au besoin.

3. Former de petites bouchées et les disposer dans un moule à mini-muffins.

4. Faire fondre le chocolat dans un bain-marie. Recouvrir ensuite chaque bouchée de chocolat fondu.

5. Réfrigérer 1 à 2 heures.

Notez que sur la photo, les graines de lin n'ont pas été moulues. C'est une question de choix.

BOULES D'ÉNERGIE AUX FRUITS ET AUX NOIX

6 à 12 boules

Les boules d'énergie sont une excellente collation, surtout après un effort soutenu. Vous pouvez remplacer les canneberges et les raisins par des fruits séchés de votre choix, comme des abricots, des figues ou des cerises, ou les noix de Grenoble par des pacanes, des pistaches, des noix de macadamia ou des arachides.

125 ml (½ tasse) de noix de Grenoble
125 ml (½ tasse) d'amandes effilées
125 ml (½ tasse) de canneberges séchées
125 ml (½ tasse) de raisins secs
30 à 45 ml (2 à 3 c. à soupe) d'eau
30 ml (2 c. à soupe) de graines de lin moulues
15 ml (1 c. à soupe) de sirop d'érable
Noix de coco (pour rouler les bouchées)

1. Mettre tous les ingrédients (sauf la noix de coco) au robot culinaire, mélanger un peu et vérifier la consistance. Selon la sorte de mélangeur, il peut être nécessaire d'ajouter un peu plus d'eau, mais pas trop ; la consistance ne doit pas être trop molle. Les noix et les fruits doivent être hachés.

2. Une fois le mélange prêt, façonner les boules d'énergie. Les rouler ensuite dans la noix de coco. La recette donne environ 12 petites ou 6 grosses bouchées. Mettre au réfrigérateur pour que le mélange soit plus consistant.

Se conserve au réfrigérateur environ 5 ou 6 jours dans un contenant hermétique.

MAÏS SOUFFLÉ ÉRABLE ET NOIX

3 l (12 tasses) de maïs soufflé

L'odeur du maïs éclaté me rappelle toujours de bons souvenirs. J'ai en mémoire ma grand-mère Claire, qui adorait le maïs soufflé au caramel ; chaque fois que nous allions faire les boutiques, elle s'arrêtait pour en acheter, et nous lui en offrions en cadeau. Chaque fois que je fais du maïs soufflé, je pense à ces beaux instants passés avec elle. Cette recette de maïs soufflé à l'érable est pour elle.

3 l (12 tasses) de maïs éclaté
250 ml (1 tasse) de pacanes
250 ml (1 tasse) de noix de Grenoble
30 ml (2 c. à soupe) de margarine végétale
540 ml (1 boîte) de sirop d'érable

1. Faire éclater le maïs et l'étendre sur une plaque à biscuits préalablement tapissée de papier parchemin.

2. Faire rôtir les pacanes et les noix dans une poêle à feu moyen, de 5 à 8 minutes. Retirer du feu, laisser refroidir et hacher. Déposer le mélange sur le maïs soufflé.

3. Dans un chaudron, faire fondre la margarine et ajouter le sirop d'érable. Lorsque le mélange aura atteint 116 °C (240 °F), retirer du feu et verser sur le maïs soufflé et les noix.

4. Laisser refroidir 2 à 3 heures, jusqu'à ce que le sirop ait figé.

Se conserve 2 à 3 jours dans un contenant hermétique.

MUFFINS BANANE ET CONFITURE DE CANNEBERGES

12 muffins

Cuisiner sans gluten est un apprentissage en ce qui concerne les collations, les muffins et les pâtisseries. Il n'est parfois pas aisé de remplacer la farine blanche par d'autres types de farine. J'ai testé à quelques reprises différentes sortes de farine sans gluten, mais je n'aimais pas la texture ni le goût. Puis, en réalisant cette recette de muffins, j'ai décidé d'utiliser pour la première fois de la farine de pois chiches combinée à de la farine sans gluten. Finalement, le résultat et la texture sont réussis.

Confiture

250 ml (1 tasse) de canneberges fraîches ou congelées

125 ml (½ tasse) de sucre de canne

30 ml (2 c. à soupe) de sirop d'érable

Muffins

30 ml (2 c. à soupe) de graines de lin moulues

250 ml (1 tasse) (60 ml [¼ tasse] + 190 ml [¾ tasse]) de boisson de soya

440 ml (1¾ tasse) de farine sans gluten

190 ml (¾ tasse) de farine de pois chiches

60 ml (¼ tasse) de farine de noix de coco

10 ml (2 c. à thé) de levure chimique

80 ml (⅓ tasse) d'huile de noix de coco vierge

125 ml (½ tasse) de sirop d'érable

1 banane mûre, écrasée

1. Préchauffer le four à 175 °C (350 °F). Tapisser un moule à muffins de caissettes de papier. Réserver.
2. Faire d'abord la confiture de canneberges. Dans une casserole à feu moyen, mettre les canneberges, le sucre et le sirop d'érable. Laisser cuire environ 20 minutes. Remuer souvent.
3. Dans un petit bol, mélanger les graines de lin et 60 ml (¼ tasse) de boisson . Laisser tremper 10 à 15 minutes. Réserver.
4. Dans un bol, mélanger les 3 sortes de farine et la levure chimique. Réserver.
5. Dans un autre bol, battre ensemble l'huile de noix de coco, le sirop d'érable, la banane, le mélange de graines de lin et 190 ml (¾ tasse) de boisson . Incorporer la farine et brasser délicatement jusqu'à ce que la farine soit bien mélangée.
6. Déposer le mélange en remplissant les caissettes aux trois quarts. Faire un petit trou au centre de chaque muffin et ajouter 5 ml (1 c. à thé) de confiture de canneberges.
7. Cuire au four sur la plaque du milieu de 22 à 24 minutes, ou jusqu'à ce qu'un cure-dent en sorte propre.

MUFFINS AUX POMMES, AUX POIRES ET AUX GRAINS DE CHOCOLAT

12 muffins

J'ai toujours aimé cuisiner des muffins ; je trouve qu'ils font d'excellentes collations nutritives. En travaillant sur ce livre de recettes, je devais trouver de nouvelles idées. Il me restait quelques poires qui commençaient à être trop mûres, et je savais que je devais les utiliser dans une recette. Elles côtoyaient une pomme, je me suis donc dit : « Pourquoi ne pas en faire un muffin ? » Puis, l'idée des muffins a surgi. Mais je trouvais qu'il manquait un ingrédient : le chocolat. Eh oui, ce cher chocolat noir.

15 ml (1 c. à soupe) de graines de chia
45 ml (3 c. à soupe) d'eau
500 ml (2 tasses) de farine blanche non blanchie
7,5 ml (1½ c. à thé) de levure chimique
2,5 ml (½ c. à thé) de cannelle
1 pincée de sel
125 ml (½ tasse) de boisson aux amandes
60 ml (¼ tasse) de margarine végétale
125 ml (½ tasse) de cassonade
1 pomme, pelée et râpée
2 poires, pelées et râpées
125 ml (½ tasse) de grains de chocolat noir

1. Préchauffer le four à 175 °C (350 °F). Tapisser un moule à muffins de caissettes de papier. Réserver.

2. Faites tremper les graines de chia dans l'eau de 10 à 15 minutes. Réserver.

3. Dans un bol, mélanger la farine, la levure chimique, la cannelle et le sel. Faire un puits au milieu. Réserver.

4. Dans un autre bol, mélanger la boisson , la margarine, les graines de chia et la cassonade jusqu'à l'obtention d'une consistance homogène. Ajouter la pomme, les poires et les grains de chocolat, et brasser un peu.

5. Déposer dans le bol de farine et brasser doucement jusqu'à ce que tous les ingrédients soient mélangés, mais éviter de trop brasser (il est donc préférable de ne pas utiliser de mélangeur).

6. Déposer le mélange en remplissant les caissettes aux trois quarts. Petit truc : utiliser une cuillère à glace.

7. Sur la grille du milieu, cuire de 22 à 24 minutes. La texture sera un peu collante et moelleuse.

MUFFINS AUX COURGETTES, AUX DATTES ET AUX NOIX

12 muffins

C'est ma recette de muffins préférée. La première fois que je l'ai faite, c'était l'été, et mon jardin débordait de courgettes, je ne savais plus quoi en faire. Dès la première bouchée, j'ai été aux anges. Le goût, la texture, tout me plaît dans ce muffin. J'aime parfois varier et changer de sorte de noix, mais que ce soit avec des noix, des pacanes ou des pistaches, c'est tout simplement divin.

15 ml (1 c. à soupe) de graines de lin moulues
60 ml (¼ tasse) de boisson de soya
440 ml (1¾ tasse) de farine blanche non blanchie
5 ml (1 c. à thé) de levure chimique
125 ml (½ tasse) de margarine végétale
125 ml (½ tasse) de cassonade
60 ml (¼ tasse) de sirop d'érable
500 ml (2 tasses) de courgettes, râpées
190 ml (¾ tasse) de dattes, hachées
190 ml (¾ tasse) de noix de Grenoble ou de pacanes

1. Préchauffer le four à 175 °C (350 °F). Tapisser un moule à muffins de caissettes de papier. Réserver.

2. Dans un petit bol, mélanger les graines de lin et la boisson de soya. Réserver.

3. Dans un bol, mélanger la farine et la levure chimique. Réserver.

4. Dans un autre bol, battre la margarine, puis ajouter la cassonade, le sirop d'érable, le mélange de graines de lin et de boisson , et mélanger jusqu'à l'obtention d'une consistance homogène. Ajouter les courgettes, les dattes et les noix. Incorporer au mélange de farine et brasser doucement jusqu'à ce que tous les ingrédients soient mélangés.

5. Déposer le mélange en remplissant les caissettes aux trois quarts. Sur la grille du milieu, cuire de 22 à 25 minutes. La texture sera un peu collante.

Muffins

BELANGER

MUFFINS AUX POMMES

12 muffins

C'est une excellente recette de collation durant le temps des pommes ; elle me rappelle de bons souvenirs d'enfance. Aller cueillir des pommes est une belle sortie à faire à l'automne. On profite d'une magnifique journée en famille, et on en revient avec des souvenirs à chérir pour le reste de notre vie. Je vous suggère d'ajouter un peu de sucre ou de cassonade sur le dessus du mélange juste avant de le mettre au four afin de faire dorer les muffins.

15 ml (1 c. à soupe) de graines de lin moulues
45 ml (3 c. à soupe) d'eau
125 ml (½ tasse) de boisson aux amandes
60 ml (¼ tasse) de margarine végétale
15 ml (1 c. à soupe) de sirop d'érable
125 ml (½ tasse) de sucre de canne
375 ml (1½ tasse) de farine blanche non blanchie
5 ml (1 c. à thé) de levure chimique
2,5 ml (½ c. à thé) de cannelle moulue
1 pincée de sel
3 pommes, pelées et coupées en petits morceaux

1. Préchauffer le four à 190 °C (375 °F). Tapisser un moule à muffins de caissettes de papier. Réserver.

2. Faire tremper les graines de lin dans l'eau. Réserver.

3. Brasser la boisson , la margarine, le mélange d'eau et de graines de lin, le sirop d'érable et le sucre jusqu'à l'obtention d'une consistance homogène. Réserver. Dans un autre bol, mélanger la farine, la levure chimique, la cannelle et la pincée de sel. Incorporer au mélange précédent, puis ajouter les pommes. Ne pas trop mélanger.

4. Déposer le mélange en remplissant les caissettes aux trois quarts.

5. Cuire de 20 à 25 minutes sur la grille du milieu.

CROUSTILLES DE CHOU *KALE*

3 à 4 portions

Qui n'aime pas les croustilles ? Je les ai toujours aimées, jusqu'à ce que je modifie mon alimentation. Depuis que je suis végétalienne, je suis incapable d'en manger, je les trouve trop salées. J'ai voulu trouver une option moins salée et moins grasse ; et j'ai choisi de faire des croustilles de chou *kale*. J'ai adoré le résultat. Ce qui est génial, c'est qu'on les assaisonne à notre goût : avec du poivre, des épices mélangées, du sel rose ou tout simplement nature, badigeonnées d'huile d'olive.

1 botte de chou *kale*

Huile d'olive

Assaisonnement au choix

1. Préchauffer le four à 175 °C (350 °F).
2. Laver, rincer et sécher les feuilles de chou.
3. Enlever la tige de chaque feuille. Couper en petits morceaux. Placer les morceaux dans un bol, ajouter quelques cuillères d'huile d'olive (environ 30 ml [2 c. à soupe]). Ne pas trop en mettre ; chaque morceau de chou doit être imprégné. Masser les feuilles de chou pour les attendrir durant 1 à 2 minutes.
4. Étendre sur une feuille de papier parchemin et assaisonner au choix.
5. Mettre au four sur la grille du milieu pendant environ 10 à 12 minutes.

POMMES ET GRANOLA

4 à 6 portions

La journée était ensoleillée et chaude. Je me trouvais à mon oasis de paix, cet endroit qui me permet de m'évader et de me ressourcer. Je travaillais sur ce livre de recettes et je cherchais une idée de collation. En coupant un morceau de pomme, toujours plongée dans mes pensées, j'ai eu une idée. Pourquoi ne pas combiner un fruit et un mélange de céréales ? J'ai choisi de le faire sans noix, pour les gens qui y sont allergiques. J'ai raffolé du résultat.

250 ml (1 tasse) de céréales de maïs moulues
250 ml (1 tasse) de flocons d'avoine à cuisson rapide
250 ml (1 tasse) de raisins secs
125 ml (½ tasse) de noix de coco râpée
80 ml (⅓ tasse) de graines de chia moulues
60 ml (4 c. à soupe) de sirop d'érable
45 à 60 ml (3 à 4 c. à soupe) d'huile de tournesol
15 ml (1 c. à soupe) d'eau
2 à 3 pommes

1. Dans un bol, mélanger tous les ingrédients (sauf les pommes) et mettre le mélange dans un plat au réfrigérateur un minimum de 2 heures avant d'en manger.

2. Couper de minces tranches de pommes et y déposer le mélange de granola.

Le mélange de granola se conserve 3 à 4 jours au réfrigérateur.

Alimentation vivante

L'alimentation vivante consiste à manger des aliments crus, mais également à ne consommer que de la nourriture n'ayant subi aucune transformation, sans produits d'origine animale. On se permet de consommer de la germination, par exemple les pousses de tournesol ou de maïs, et de la fermentation, comme le tofu. On utilise le déshydrateur, qui permet de faire sécher les fruits et les légumes, et de cuisiner divers plats comme des craquelins, à une température maximale de 40 °C (104 °F). En étudiant la nutrition, j'ai appris que les fruits et les légumes perdaient beaucoup de leur valeur nutritive lors de la cuisson. Vivant dans une région très froide l'hiver, j'ai été habituée toute mon enfance à ce qu'il y ait des repas chauds sur la table à longueur d'année, surtout pour le repas du soir. L'été, il arrivait bien sûr que nous mangions du maïs et des salades, mais généralement, ces repas étaient accompagnés de hot-dogs ou de hamburgers. Depuis que je suis devenue végétarienne, mais surtout depuis que je suis végétalienne, j'ai commencé à intégrer l'alimentation vivante de plus en plus dans mes repas. J'aime ce type d'alimentation ; j'ai toujours l'impression de manger de manière plus saine. Mais j'avoue que je mange encore des repas chauds de temps en temps, surtout dès que l'automne arrive. Depuis que j'ai commencé l'écriture de ce livre, on me parle beaucoup de l'alimentation vivante et sans gluten. Certaines personnes qui me suivent sur les réseaux sociaux et sur mon site Internet m'ont dit être « allergiques » au gluten et cherchent des recettes. Je ne suis pas intolérante au gluten, mais je constate que moins j'en mange, surtout le matin, moins j'ai de ballonnements et de difficulté à digérer. Je pourrais parler longuement des pour et des contre, mais le but de ce livre est d'apprécier les recettes végétaliennes sans pour autant devoir « tout » éliminer. Vous serez d'accord avec moi qu'il y a un certain apprentissage à faire avant de pouvoir apprécier l'alimentation végétalienne. Déjà qu'il faut éliminer beaucoup de produits, il ne faudrait pas en plus se priver à tout prix de petits plaisirs, surtout si nous n'avons pas d'intolérance.

Quand je me nourris de fruits et de légumes frais, j'ai l'impression de manger la « vie ».

J'ai conçu un menu pour une semaine (consultez la page 197) à partir des recettes de ce livre afin que vous puissiez essayer l'alimentation vivante et sans gluten, pour le petit-déjeuner, le déjeuner, la collation et le dessert. Découvrir l'alimentation vivante, c'est s'ouvrir à un nouveau mode de vie. Vous pourrez vous « bourrer » de vitamines et constater par vous-même les bienfaits de ce type d'alimentation. Au lieu de faire des régimes et des cures, pourquoi ne pas seulement mordre à belles dents dans des légumes frais, des fruits et des noix ? Bon appétit !

Découvrir l'alimentation vivante, c'est s'ouvrir à un nouveau mode de vie.

Chapitre 3

ENTRÉES ET TARTINADES

HOUMOUS AUX CAROTTES

3 à 4 portions

Après des années à manger presque toujours la même recette de houmous, je devais en créer une nouvelle. On ne réinvente pas vraiment la formule, mais on tente d'y apporter notre touche comme je le fais ici. Que ce soit pour un repas du midi ou en simple entrée, tartiné sur du pain ou des galettes de maïs, le houmous aux carottes est un bon choix.

5 à 6 moyennes carottes, coupées en dés
80 ml (⅓ tasse) d'eau
1 gousse d'ail
1 boîte de pois chiches, rincés et égouttés
30 ml (2 c. à soupe) d'huile d'olive
30 ml (2 c. à soupe) de tahini
30 ml (2 c. à soupe) de levure alimentaire
15 ml (1 c. à soupe) de beurre de graines de tournesol
15 ml (1 c. à soupe) de persil
15 ml (1 c. à soupe) de ciboulette
Jus de 1 citron frais
Poivre, sel et curcuma, au goût

1. Faire cuire les carottes dans l'eau jusqu'à ce qu'elles soient tendres. Ensuite, mettre tous les ingrédients au mélangeur, y compris les carottes, et réduire.

Se conserve quelques jours au réfrigérateur dans un contenant hermétique.

VÉGÉPÂTÉ RAPIDE

6 à 8 portions

Le végépâté est ma recette préférée pour mon repas du midi ; que je le mange en sandwich, en pita ou simplement sur des galettes de riz, je l'accompagne toujours de légumes frais. Comme il contient de la levure alimentaire, j'inclus ainsi de la vitamine B_{12}, nécessaire dans une alimentation végétalienne. Vous pouvez faire quelques variantes en remplaçant les graines de tournesol par des graines de citrouille, et le beurre de graines de tournesol par du tahini.

2 moyennes carottes, coupées en dés
1 oignon, grossièrement coupé
1 pomme de terre, coupée en morceaux
125 ml (½ tasse) d'eau
125 ml (½ tasse) d'huile d'olive
125 ml (½ tasse) de graines de tournesol
80 ml (⅓ tasse) de beurre de graines de tournesol
60 ml (¼ tasse) de graines de sésame
60 ml (¼ tasse) de graines de lin moulues
60 ml (¼ tasse) de levure alimentaire
30 ml (2 c. à soupe) de jus de citron frais
15 ml (1 c. à soupe) de tamari sans gluten
1,25 ml (¼ c. à thé) de curcuma
1,25 ml (¼ c. à thé) d'épices mélangées
Poivre, au goût

1. Préchauffer le four à 175 °C (350 °F).
2. Mettre tous les ingrédients dans le robot culinaire et réduire jusqu'à l'obtention d'une consistance homogène.
3. Mettre le mélange dans un plat en verre d'environ 22,5 cm (9 po) de diamètre allant au four, sur la grille du milieu.
4. Cuire de 30 à 35 minutes, jusqu'à ce que le végépâté soit légèrement doré.

Se conserve environ 5 à 6 jours au réfrigérateur.

CRETONS POUR RAY

6 à 8 portions

J'ai fait cette recette pour mon père, qui n'était pas un grand amateur de végépâtés. Comme il aimait les cretons traditionnels, j'ai voulu lui faire une version végétalienne, et il l'a adorée. Mission accomplie ! J'aime ajouter quelques morceaux de cretons dans mes plats de macaronis ou en accompagnement d'une salade, en tartine sur une galette de riz ou un craquelin.

1 gousse d'ail, râpée
1 oignon, coupé grossièrement
3 moyennes pommes de terre, coupées grossièrement
250 ml (1 tasse) de mie de pain
250 ml (1 tasse) de graines de tournesol
125 ml (½ tasse) d'eau
60 ml (¼ tasse) de levure alimentaire
15 ml (1 c. à soupe) de tamari sans gluten
15 ml (1 c. à soupe) de tahini
5 ml (1 c. à thé) de bouillon de légumes en poudre
5 ml (1 c. à thé) d'épices mélangées
1,25 ml (¼ c. à thé) de cannelle

1. Préchauffer le four à 175 °C (350 °F).
2. Mettre tous les ingrédients au robot culinaire et réduire jusqu'à l'obtention d'une consistance homogène.
3. Cuire dans un plat en verre allant au four, sur la grille du milieu, environ 20 à 25 minutes.

Ces recettes sont simples et rapides à faire. J'en ai eu l'idée, car mon jardin débordait de ces légumes. Coup de cœur pour les Mini-pizzas de courgettes, aux betteraves et aux pacanes (page 73).

BOUCHÉES AUX TOMATES GRATINÉES

4 à 6 portions

2 à 3 tomates italiennes, tranchées
1 gousse d'ail hachée
Environ 125 ml (½ tasse) de fromage de riz ou de soya râpé
Huile olive et poivre, au goût

1. Préchauffer le four à 190 °C (375 °F).
2. Sur les tranches de tomates, répartir l'ail et le fromage râpé. Ajouter de l'huile d'olive et du poivre, au goût. Déposer les bouchées aux tomates sur une plaque à biscuits recouverte de papier parchemin.
3. Cuire sur la grille du milieu environ 15 minutes, jusqu'à ce que le fromage soit doré.

MINI-PIZZAS DE COURGETTES, AUX BETTERAVES ET AUX PACANES

4 à 6 portions

1 moyenne ou 2 petites courgettes jaunes, tranchées en rondelles
1 à 2 betteraves, râpées
125 ml (½ tasse) de pacanes hachées
Sel rose de l'Himalaya, poivre et huile d'olive, au goût

1. Préchauffer le four à 190 °C (375 °F).
2. Garnir les tranches de courgettes de betteraves et de pacanes. Ajouter le sel, le poivre et un filet d'huile d'olive. Déposer les mini-pizzas sur une plaque à biscuits recouverte de papier parchemin.
3. Cuire sur la grille du milieu environ 15 minutes.

BRUSCHETTA AUX COURGETTES, AUX RADIS ET AUX FLEURS D'AIL

3 à 4 portions

Je n'ai jamais vraiment aimé la bruschetta, car celle que je mangeais dans les restaurants était toujours trop salée ou trop aillée. J'ai voulu modifier la recette à ma façon afin d'utiliser des légumes que j'aime. Mes parents m'ont offert une grande quantité de fleurs d'ail et je voulais absolument les cuisiner.

1 moyenne courgette verte, coupée en dés
1 moyenne courgette jaune, coupée en dés
4 gros radis, tranchés finement
4 tiges de fleurs d'ail, coupées en petits morceaux
30 à 45 ml (2 à 3 c. à soupe) d'huile d'olive
15 ml (1 c. à soupe) de levure alimentaire
5 ml (1 c. à thé) de sel de mer Herbamare
Poivre, au goût
5 ml (1 c. à thé) d'épices mélangées

1. Dans une poêle à feu moyen, faire revenir les légumes dans 15 ml (1 c. à soupe) d'huile d'olive 3 ou 4 minutes, puis ajouter la levure alimentaire, le sel, le poivre et les épices mélangées. Cuire 2 minutes et retirer du feu. Les légumes seront encore un peu croquants.

2. Faire rôtir des tranches de pain et les badigeonner avec le reste d'huile d'olive, puis ajouter le mélange de légumes.

PÂTÉ AUX CHAMPIGNONS ET AUX POIVRONS RÔTIS

3 à 4 portions

Je raffole des champignons et je n'avais pas encore préparé de recettes avec ce légume que j'adore. J'ai décidé d'en faire un pâté afin de pouvoir en manger autant en entrée qu'au repas du midi. Je le préfère servi sur une baguette de pain. C'est une recette simple à réaliser pour les amateurs de champignons comme moi.

1 gousse d'ail hachée

250 g (7 oz) de champignons de Paris, coupés grossièrement

1 gros ou 2 moyens poivrons verts, coupés grossièrement

15 ml (1 c. à soupe) d'huile d'olive

15 ml (1 c. à soupe) de levure alimentaire

15 ml (1 c. à soupe) de tahini

10 ml (2 c. à thé) de tamari sans gluten

Poivre et sel rose, au goût

1. Dans une poêle à feu moyen, faire revenir l'ail, les champignons et le poivron vert dans l'huile d'olive 5 ou 6 minutes. Retirer du feu et laisser refroidir.

2. Ensuite, déposer dans un robot culinaire tous les ingrédients, y compris les champignons, l'ail et le poivron, et réduire jusqu'à l'obtention d'une consistance homogène.

Se conserve 1 à 2 jours au réfrigérateur dans un pot Mason ou un contenant hermétique.

BOUCHÉES DE TOFU POIVRÉES AVEC OIGNONS CARAMÉLISÉS

Environ 30 cubes

Pour ceux qui aiment la combinaison poivré/sucré, vous allez particulièrement aimer cette recette de tofu. Elle se sert en entrée, pour une fête, un évènement spécial ou simplement pour partager entre amis. Les vertus du poivre noir sont nombreuses. Il aide particulièrement la digestion. Notez que plus il y a de poivre, meilleur c'est.

1 bloc de tofu ferme, coupé en cubes
30 ml (2 c. à soupe) d'huile d'olive
Poivre, au goût
1 gros oignon, émincé
60 ml (¼ tasse) de sirop d'érable

1. Dans une poêle, faire revenir le tofu dans 15 ml (1 c. à soupe) d'huile d'olive. Faire dorer des 4 côtés. Ajouter le poivre généreusement. Réserver.

2. Dans la même poêle, ajouter le reste d'huile d'olive et faire caraméliser les oignons. Lorsqu'ils commencent à être translucides et à dorer, ajouter le sirop d'érable. Enrober les oignons du sirop d'érable. Faire réduire le sirop d'érable environ 2 minutes, puis ajouter le tofu. Mélanger.

Mon jardin : plaisir et passion d'été

Mon père m'a transmis cette passion.

Lorsque le printemps débute, il me tarde toujours de penser aux légumes que je vais planter dans mon jardin. Depuis maintenant plusieurs années, j'ai découvert les joies de faire mon potager, et je trouve ce bonheur vraiment merveilleux. Cultiver ses propres légumes est, selon moi, une très grande richesse. C'est mon père qui m'a transmis cette passion ; et je dois avouer que depuis ce temps-là, je ne cesse de m'émerveiller devant mon jardin. J'ai lu plusieurs livres, et chaque printemps, je prends en note les nouveaux légumes que je désire cultiver. J'aime avoir les mains dans la terre et sarcler mon potager ; je me sens enracinée et en phase avec tout mon être. Il n'y a rien de plus enrichissant que de faire pousser ses légumes. Que je les sème en graines ou que je les plante déjà en petits plants, la joie qui vibre en soi à la vue du résultat est indescriptible. Un sentiment de fierté gonfle notre cœur. Et puis, je me sens libre ; libre de faire pousser ma nourriture et de ne dépendre de personne. Ce plaisir ne dure que quelques mois, mais il est tellement enrichissant de pouvoir le réaliser pleinement. Quelle joie de pouvoir aller chercher les légumes de son jardin avant de préparer son repas ! En plus, moi qui adore me préparer de bons jus, je n'ai que quelques pas à faire pour trouver de bons légumes.

Cultiver ses légumes est, selon moi, une très grande richesse.

J'aimerais pouvoir transmettre cette passion à mes enfants lorsque j'en aurai. Je veux qu'ils sachent à quel point leur grand-père Raynald aimait la terre, et que grâce à lui, je leur lègue un précieux héritage.

J'aime avoir les mains dans la terre et sarcler mon potager ;
je me sens enracinée et en phase avec tout mon être.

Chapitre 4

LUNCHS ET SALADES

TORTILLAS À LA SALADE DE LENTILLES

4 portions

L'été est la saison où j'essaie généralement de manger plus léger, mais aussi cru, surtout pour le repas du midi. Particulièrement quand les journées sont chaudes et humides. Cette recette de tortillas à la salade de lentilles est rapide à préparer et tellement délicieuse.

Salade

1 boîte de lentilles, rincées et égouttées
2 tomates italiennes, coupées en dés
1 poivron vert, coupé en dés
1 petit oignon, émincé
125 ml (½ tasse) d'arachides non salées hachées
15 ml (1 c. à soupe) d'huile d'olive
15 ml (1 c. à soupe) de basilic
4 tortillas

Vinaigrette

60 ml (¼ tasse) de mayonnaise végétale
60 ml (¼ tasse) d'huile d'olive
15 ml (1 c. à soupe) de tahini
15 ml (1 c. à soupe) de sucre ou de sirop d'érable
7,5 ml (½ c. à soupe) de vinaigre de cidre de pomme
7,5 ml (½ c. à soupe) d'épices mélangées
Sel rose et poivre, au goût

1. Dans un bol, mélanger tous les ingrédients de la salade, sauf les tortillas. Réserver.
2. Dans un autre bol, battre tous les ingrédients de la vinaigrette, et verser sur la salade de lentilles.
3. Déposer la salade sur les tortillas.

SANDWICH À LA SALADE DE TOFU

4 portions

Pour ceux qui mangent des œufs ou qui aimaient en manger, vous n'êtes pas sans avoir un jour cuisiné cette recette d'œufs durs hachés. Comme c'était à peu près un des seuls repas d'œufs que j'aimais, j'ai voulu le recréer avec du tofu. Et j'avoue que le goût est presque le même. On le sert le plus souvent en sandwich ; c'est ce que je préfère.

1 bloc de tofu ferme, coupé grossièrement

1 oignon, coupé grossièrement

1 gousse d'ail

4 tiges de ciboulette fraîche

75 ml (5 c. à soupe) de mayonnaise végétale

5 ml (1 c. à thé) de curcuma

5 ml (1 c. à thé) d'épices mélangées

1. Mettre tous les ingrédients au robot culinaire et hacher. Vous pouvez ajouter 15 ml (1 c. à soupe) de mayonnaise pour lier le mélange.

Se conserve 1 à 2 jours au réfrigérateur.

SALADE MIXTE DE POMMES DE TERRE

3 à 4 portions

Dans ma famille, nous raffolons des pommes de terre. D'aussi loin que je me souvienne, nos repas incluaient souvent ce légume. L'engouement vient surtout de mon père, qui en cultivait toujours dans son jardin. J'ai voulu réinventer à ma manière cette salade de pommes de terre. J'aime particulièrement le goût sucré des patates douces.

3 patates douces
3 grosses pommes de terre blanches
1 oignon rouge, émincé
1 moyen concombre, coupé en dés
3 branches de céleri, coupées en dés

Vinaigrette

190 ml (¾ tasse) de mayonnaise végétale
30 ml (2 c. à soupe) d'huile d'olive
30 ml (2 c. à soupe) de levure alimentaire
15 ml (1 c. à soupe) de sirop d'érable
10 ml (2 c. à thé) de vinaigre de cidre de pomme
5 ml (1 c. à thé) d'épices mélangées
Poivre et sel, au goût

1. Dans un chaudron, faire cuire les patates douces et les pommes de terre de sorte qu'il y ait suffisamment d'eau pour les recouvrir. Au besoin, les mettre au réfrigérateur pour qu'elles refroidissent. Ensuite, les couper en cubes et les mélanger avec les autres légumes. Réserver.
2. Dans un bol, mélanger tous les ingrédients de la vinaigrette, puis l'ajouter à la salade de pommes de terre.
3. Mettre au réfrigérateur 1 à 2 heures.

Vous pouvez remplacer la mayonnaise végétale par du tofu soyeux.

SALADE FRAÎCHEUR

2 à 3 portions

C'est parfois la simplicité qui donne les plus belles choses. La preuve : cette salade toute simple à faire. Le choix de ces aliments est une combinaison conçue pour apporter au corps une meilleure digestion. Pour un repas du midi léger et bourré de vitamines que vous pouvez partager ; ou en accompagnement d'un sandwich, d'un pita ou avec des craquelins. Le but est d'apprécier le bon goût des légumes sans ajouter trop de vinaigrette.

1 laitue feuille de chêne
4 ou 5 radis
6 ou 7 bouquets de brocoli
1 oignon rouge, tranché
125 ml (½ tasse) de canneberges séchées
125 ml (½ tasse) de graines de tournesol

Vinaigrette

125 ml (½ tasse) d'huile d'olive
15 ml (1 c. à soupe) de tahini
15 ml (1 c. à soupe) de tamari
15 ml (1 c. à soupe) de sirop d'érable

1. Déposer les légumes dans une grande assiette.
2. Dans un bol, mélanger tous les ingrédients de la vinaigrette, puis verser sur le mélange de légumes.

HOT-DOG AU TOFU

6 portions

Dès que je pense à un pique-nique, je vois aussitôt dans ma tête un décor avec une vue magnifique sur le fleuve. Par une belle journée d'été, alors que l'air est salé et la marée, montante, être assis et manger un hot-dog et de la salade de chou tout en écoutant le chant des oiseaux ; quel moment de détente. Il est nécessaire de prendre du temps pour soi, afin de se ressourcer. J'ai un coup de cœur pour les hot-dogs au tofu.

Tofu effiloché

125 ml (½ tasse) d'eau
125 ml (½ tasse) de ketchup
45 ml (3 c. à soupe) de tamari sans gluten
1,25 ml (¼ c. à thé) de fumée liquide
1 bloc de tofu grossièrement râpé

Garniture

2 moyens oignons, émincés
15 ml (1 c. à soupe) d'huile d'olive
15 ml (3 c. à thé) de sucre de canne

6 pains à hot-dog

1. Dans un bol, mélanger l'eau, le ketchup, le tamari et la fumée liquide. Verser sur le tofu. Réserver et laisser mariner le temps de cuire les oignons.
2. Faire revenir les oignons dans l'huile d'olive de 2 à 3 minutes, puis ajouter le sucre. Faire cuire à feu moyen jusqu'à ce que les oignons brunissent. Réserver.
3. Faire cuire le tofu dans un peu d'huile d'olive de 3 à 4 minutes.
4. Diviser le tofu effiloché en 6 portions. Déposer dans les pains à hot-dog et garnir d'oignons.

SALADE DE CHOU

4 portions

Salade

500 ml (2 tasses) de chou rouge râpé
1 chou vert râpé
2 grosses carottes râpées
8 radis, tranchés finement

Vinaigrette

125 ml (½ tasse) de mayonnaise végétale
15 ml (1 c. à soupe) de levure alimentaire
15 ml (1 c. à soupe) de vinaigre de cidre de pomme
15 ml (1 c. à soupe) de sirop d'érable
10 ml (2 c. à thé) de graines de céleri
Poivre, au goût

1. Mettre les légumes de la salade dans un bol et réserver.
2. À la main ou au mélangeur, combiner tous les ingrédients de la vinaigrette et verser sur la salade.

SALADE DE CHOU *KALE*, DE FÈVES ET DE TOFU FUMÉ

4 portions

Si vous n'avez jamais goûté au tofu fumé, c'est le moment de le faire avec cette recette. Après y avoir goûté, vous en redemanderez. Cette salade peut être servie en entrée ou en accompagnement. La première fois que j'ai goûté au tofu fumé, j'ai aussitôt aimé. Pour ceux qui ont de la difficulté à aimer le tofu, essayez-le ; vous constaterez que c'est différent du tofu ordinaire.

Salade

- 8 à 10 grandes feuilles de chou *kale*, rincées et coupées en morceaux
- 375 ml (1½ tasse) de fèves jaunes
- 1 bloc de 210 g (7,5 oz) de tofu fumé
- 80 ml (⅓ tasse) de graines de sésame
- 80 ml (⅓ tasse) de canneberges séchées

Vinaigrette

- 125 ml (½ tasse) d'huile d'olive
- 60 ml (¼ tasse) d'huile de sésame
- 60 ml (¼ tasse) de sirop d'érable
- 15 ml (1 c. à soupe) de tahini
- 10 ml (2 c. à thé) d'épices mélangées
- 10 ml (2 c. à thé) de vinaigre de cidre de pomme
- Poivre et sel, au goût

1. Prendre soin de retirer la tige des feuilles de chou *kale*. Déposer les morceaux de chou dans un bol, ajouter la moitié d'huile d'olive de la vinaigrette et masser légèrement le chou afin de l'attendrir. Réserver.
2. Faire cuire les fèves environ 5 minutes et laisser refroidir. Couper en morceaux et mélanger au chou.
3. Couper le tofu fumé en petits cubes. Il est possible de les faire revenir quelques minutes dans l'huile d'olive à feu moyen. Laisser refroidir et ajouter au chou.
4. Ajouter les graines de sésame et les canneberges. Mélanger.
5. Dans un bol, mélanger tous les ingrédients de la vinaigrette et verser sur la salade.

SALADE DE LÉGUMES ET DE NOIX AVEC VINAIGRETTE À L'ÉRABLE

3 à 4 portions

Simplicité, simplicité, simplicité… les salades en sont souvent synonymes. On les modifie, on les réinvente, on y ajoute des fruits, des noix, on les mange en accompagnement ou en repas principal. Et au final, on ne pourrait pas s'en passer. Vous pouvez utiliser la laitue feuille de chêne, qui a un subtil goût de poivre. Vous pouvez remplacer l'ail par 1 oignon vert ou 2 ou 3 échalotes françaises.

Salade

2 laitues frisées

1 courgette, coupée en dés

1 concombre, coupé en dés

1 ou 2 moyennes carottes râpées

1 poivron rouge, coupé en dés

250 ml (1 tasse) de noix de Grenoble, hachées

1 gousse d'ail, râpée

Quelques fraises

Vinaigrette

125 ml (½ tasse) d'huile d'olive

45 ml (3 c. à soupe) de sirop d'érable

30 ml (2 c. à soupe) de levure alimentaire

30 ml (2 c. à soupe) de tamari

Poivre, au goût

1. Laver les laitues. Déposer dans un grand bol. Réserver.

2. Dans un bol, mélanger la courgette, le concombre, les carottes, le poivron, les noix de Grenoble et l'ail. Incorporer à la laitue. Réserver.

3. Dans un petit bol, mélanger tous les ingrédients de la vinaigrette. Verser sur la salade, ou préparer les assiettes de salade et en ajouter par la suite. Ajouter quelques morceaux de fraises pour décorer.

CHOU-FLEUR AU FROMAGE

4 portions

Tout le monde connaît le fameux macaroni au fromage. Je ne sais pas pour vous, mais moi, enfant, je versais toujours une grande quantité de ketchup sur le dessus. En travaillant sur ce livre, je voulais faire une recette qui ressemblerait au macaroni au fromage en remplaçant les macaronis par des légumes. Le chou-fleur a été ma première idée. C'est un excellent résultat.

1 pomme de chou-fleur

Sel

3 pommes de terre

1 grosse échalote

250 ml (1 tasse) de fromage blanc végétal râpé

310 ml (1¼ tasse) de boisson de soya

2,5 ml (½ c. à thé) de curcuma

15 ml (1 c. à soupe) de levure alimentaire

1. Dans un chaudron, faire cuire le chou-fleur (en ajoutant un peu de sel dans l'eau) environ 15 à 20 minutes, jusqu'à ce qu'il soit tendre, ni trop ferme ni trop mou. Réserver.
2. Dans un autre chaudron, faire cuire les pommes de terre, de 10 à 15 minutes. Les placer dans un mélangeur avec l'échalote, le fromage, la boisson , le curcuma, la levure alimentaire et le sel. Réduire jusqu'à l'obtention d'une consistance crémeuse. Transvider dans le chaudron et faire chauffer quelques minutes.
3. Pendant ce temps, couper le chou-fleur en morceaux (le réchauffer si nécessaire).
4. Disposer dans les assiettes et ajouter la sauce au fromage.

SALADE DE MACARONIS, D'ÉPINARDS ET DE LENTILLES AVEC SAUCE AUX NOIX

4 portions

Je me souviens des repas en famille, lorsque venait l'été : ma mère préparait des salades de macaronis et j'en raffolais. J'ai voulu faire ma version. C'est une des recettes les plus populaires sur le site Internet Les anges dans ma cuisine. Je voulais l'inclure dans le livre afin de la partager à plus grande échelle. On peut très bien remplacer les macaronis par des pâtes sans gluten.

1 échalote française, émincée

½ boîte de lentilles, rincées et égouttées

2 branches de céleri, coupées en morceaux

1 poignée d'épinards, hachés

250 ml (1 tasse) de macaronis cuits

Sauce

125 ml (½ tasse) de noix de Grenoble

60 ml (¼ tasse) d'huile de noisettes

15 ml (1 c. à soupe) de tamari

15 ml (1 c. à soupe) de levure alimentaire

15 ml (1 c. à soupe) de sirop d'érable

15 ml (1 c. à soupe) d'eau

1. Une fois les macaronis cuits, selon les indications sur l'emballage, les faire refroidir au réfrigérateur. Les mélanger ensuite avec les légumes. Réserver.
2. Mettre tous les ingrédients de la sauce au robot culinaire. Réduire jusqu'à l'obtention d'une consistance homogène.
3. Verser sur la salade et bien mélanger. Réfrigérer 1 à 2 heures avant de servir.

ROULÉS À LA TARTINADE DE TOFU

3 à 4 portions

Trouver de nouvelles idées pour le lunch n'est pas toujours évident, surtout quand on désire innover et ne pas toujours manger des sandwichs. Remplacer les pitas ou les tortillas par des feuilles de laitue est une excellente façon de modifier une recette, tout en y ajoutant un petit côté croquant.

125 ml (½ tasse) de tofu ferme
45 ml (3 c. à soupe) d'huile d'olive
45 ml (3 c. à soupe) d'eau
5 ml (1 c. à thé) de moutarde de Dijon
5 ml (1 c. à thé) de tahini
5 ml (1 c. à thé) d'épices mélangées
Poivre, au goût
Légumes, au choix
1 botte de laitue frisée

1. Mettre tous les ingrédients dans le mélangeur, sauf la laitue et les légumes choisis. Réserver.

2. Laver et sécher la laitue frisée. Déposer de la tartinade de tofu et des légumes sur chaque feuille de laitue, puis rouler.

SALADE DE BETTERAVES

2 portions

Mon idée de recette préférée est très jolie. Je n'avais jamais essayé de salade dans des pots Mason. Et après avoir tenté l'expérience, je peux dire que j'en ai refait plusieurs fois, et je continue d'en faire. En plus, c'est facile et pratique à faire. On peut les apporter sur la route, au pique-nique ou au travail.

4 ou 5 moyennes betteraves, coupées en cubes
2 moyennes carottes râpées
1 concombre anglais, tranché
2 pots Mason

Vinaigrette

½ concombre anglais
125 ml (½ tasse) de mayonnaise végétale
30 ml (2 c. à soupe) de jus de citron

1. Déposer les légumes par étage dans les pots Mason.
2. Mettre les ingrédients de la vinaigrette dans le mélangeur. Bien mélanger, puis verser dans les pots.

Se conserve de 1 à 2 jours au réfrigérateur.

Guérison et alimentation

Nous avons à notre disposition toutes les ressources nécessaires pour la guérison de notre corps. Choisir une alimentation saine nous assure un bien-être tout autant physique que spirituel.

Il y a plus de neuf ans, j'ai pris conscience de l'importance d'une saine alimentation. Non pas que je me nourrissais essentiellement de restauration rapide ; j'en consommais très rarement, mais mon corps me réclamait un changement dans mes habitudes alimentaires. Je suis devenue végétarienne, et depuis environ cinq ans, je suis végétalienne. J'avais pourtant exclu de mon alimentation depuis très longtemps le lait et la plupart des produits laitiers, sauf le yogourt. J'ai décidé de le rayer aussi de mon alimentation. Aussitôt que j'ai éliminé la viande de mes repas, mon corps a entamé un processus de nettoyage qui s'est manifesté par différents malaises physiques. Le corps s'habitue vite à se désintoxiquer, et il vient un temps où nous devons éliminer certains aliments, car nous n'arrivons plus à les digérer. J'ai d'abord cessé de consommer de la viande rouge, et par la suite, du poulet et du poisson.

J'ai laissé mon corps s'habituer aux changements que je lui faisais subir. J'ai ajouté dans mes repas des légumineuses, des noix, de la boisson aux amandes, du tofu, plus de légumes et de fruits, et tout en modifiant mes recettes, j'ai compris qu'en fait, manger de la viande vient surtout d'une habitude. Personnellement, je crois que nos choix alimentaires reflètent ce que nous mangions dans notre enfance. Mais il ne faut pas avoir peur de changer ses habitudes, de se questionner, et de revoir sa façon de cuisiner. Je suis sans cesse à la recherche de nouvelles recettes et j'expérimente des aliments qui m'aident à me sentir mieux et remplie d'énergie. Je ne suis pas devenue végétarienne du jour au lendemain ; je crois qu'il est important d'être à l'écoute de son corps. Le meilleur changement se fait graduellement ; c'est ainsi qu'il sera durable.

Au fil de ces modifications, j'ai compris que la guérison et l'alimentation sont interreliées. Il faut retourner à la source afin de se nourrir de fruits, de légumes et de noix, des aliments non transformés qui nous apportent les vitamines et les minéraux nécessaires à notre santé ; c'est ce que je crois du plus profond de mon être. Je n'ai jamais cru aux médicaments ; selon moi, la guérison commence par les pensées positives, par ce processus mental que nous devons reconditionner. Les maladies sont un appel de l'esprit ; un cri pour nous avertir que notre corps nous parle. La majorité des gens n'adhèrent pas à cette théorie. Mais je ne suis pas la seule à y croire. Je ne suis pas là pour convaincre qui que ce soit ; je ne fais que partager ma façon de penser et ma démarche personnelle.

Si je sens que je vais être enrhumée, je prends de l'échinacée et je me fais de bons jus de légumes afin d'offrir à mon corps une bonne dose de vitamines. J'élimine le sucre et je me fais des soupes. Je n'alourdis pas mon système avec du pain et des repas copieux. Peu importe le malaise, le chemin vers la guérison se trouve dans notre alimentation.

En combinant une saine alimentation avec de bonnes habitudes de vie comme la méditation et la relaxation, nous pouvons mieux profiter de la vie. C'est en grande partie pour l'importance de la méditation et de la santé de mon corps, mais aussi de mes centres énergétiques, que je suis devenu végétalienne. Quoi de mieux que de se relier à notre âme afin de ressentir les énergies entrer en nous ? Nous sommes alors plus intuitifs, plus concentrés et plus ouverts à de nouvelles perspectives.

Méditer est nécessaire pour ma paix intérieure ; chaque jour, cet état m'aide à puiser en moi afin d'extraire mes rêves et mes objectifs et d'y voir plus clair.

Chapitre 5

CÉRÉALES, RIZ ET LÉGUMINEUSES

RAGOÛT DE LÉGUMINEUSES

4 à 6 portions

Dès que l'automne se présente le bout du nez, j'apprécie particulièrement les repas réconfortants. Que ce soit une bonne soupe ou un ragoût de légumineuses comme cette recette, j'ai toujours l'impression de trouver un peu de chaleur dans les temps froids.

1 boîte de haricots blancs, rincés et égouttés
1 boîte de pois chiches, rincés et égouttés
4 ou 5 moyennes carottes, coupées en dés
1 gros poivron vert, coupé en dés
1 oignon, émincé
1 échalote française, émincée
1 courgette jaune, coupée en dés
6 ou 7 champignons, coupés en dés
500 ml (2 tasses) d'eau
15 ml (3 c. à thé) de pâte de tomates
15 ml (1 c. à soupe) de levure alimentaire
15 ml (1 c. à soupe) de tamari
15 ml (1 c. à soupe) d'huile d'olive
10 ml (2 c. à thé) de bouillon de légumes en poudre
5 ml (1 c. à thé) de basilic séché
5 ml (1 c. à thé) de thym séché
5 ml (1 c. à thé) de curcuma
Poivre et sel, au goût

1. Mettre tous les ingrédients dans la mijoteuse et faire cuire à basse température pendant 4 à 5 heures, jusqu'à ce que les carottes soient cuites.

QUINOA AUX LÉGUMES ET AU TOFU

3 à 4 portions

Jusqu'à ce que je cuisine cette recette de quinoa, je n'étais pas une très grande adepte de ce type de plante herbacée (céréale). C'est en le cuisinant avec des aliments que j'aime que j'y ai pris goût. En fait, le quinoa remplace très bien le riz ; de plus il est bourré de protéines, de fer et de magnésium, et contient presque toutes les vitamines du groupe B. Il ne renferme pas de gluten.

5 ml (1 c. à thé) de bouillon de légumes en poudre
250 + 500 ml (1 + 2 tasses) d'eau
250 ml (1 tasse) de quinoa
1 gousse d'ail hachée
15 ml (1 c. à soupe) d'huile d'olive
625 ml (1½ tasse) de tofu, coupé en cubes
2 à 3 feuilles de chou *kale*, coupées en morceaux
2 à 3 branches de céleri, coupées en dés
2 à 3 moyennes carottes, coupées en dés
1 poivron rouge, coupé en dés
15 ml (1 c. à soupe) de tamari sans gluten
Poivre et épices mélangées, au goût

1. Dissoudre le bouillon de légumes en poudre dans 250 ml (1 tasse) d'eau.

2. Cuire le quinoa dans 500 ml (2 tasses) d'eau, selon les indications sur l'emballage.

3. Faire revenir l'ail dans l'huile d'olive, puis ajouter le tofu. Lorsqu'il est doré, ajouter tous les autres légumes. Laisser cuire environ 5 minutes. Ajouter le bouillon de légumes et le tamari. Laisser réduire quelques minutes, puis ajouter le poivre et les épices.

4. Servir avec le quinoa, en déposant les légumes sur le dessus.

PETITS PÂTÉS DIVINS

12 petits pâtés

C'est ma recette préférée du livre ; j'ai un grand coup de cœur pour ces petits pâtés, que j'ai qualifiés de divins car ils sont délicieux et qu'il est difficile de s'en contenter d'un seul. C'est une belle idée de repas en famille. En plus, ces petits pâtés se congèlent très bien et peuvent être servis au repas du midi ou au dîner.

1 moyenne échalote française, émincée
2 gousses d'ail hachées
15 ml (1 c. à soupe) d'huile d'olive
½ bloc de tofu, rincé et épongé, coupé en petits cubes
3 à 4 moyennes carottes, coupées en dés
6 champignons moyens, émincés
½ gros ou 1 moyen poivron vert, coupé en cubes
30 ml (2 c. à soupe) de levure alimentaire
30 ml (2 c. à soupe) de tamari
5 ml (1 c. à thé) d'origan séché
5 ml (1 c. à thé) de basilic séché
Poivre, au goût
60 carrés de 15 × 15 cm (6 × 6 po) de pâte phyllo
15 ml (1 c. à soupe) de margarine végétale

Sauce

30 ml (2 c. à soupe) de margarine végétale
30 ml (2 c. à soupe) de farine
45 à 60 ml (3 à 4 c. à soupe) de boisson de soya non sucrée
15 ml (1 c. à soupe) de bouillon de légumes en poudre

1. Préchauffer le four à 190 °C (375 °F).

2. Dans une poêle à feu moyen, faire revenir l'échalote et l'ail dans l'huile d'olive durant 2 à 3 minutes, puis ajouter le tofu, les carottes, les champignons, le poivron vert, la levure alimentaire, le tamari, l'origan, le basilic et le poivre. Faire cuire 8 minutes. Réserver.

3. Préparer la sauce. Dans une casserole, faire fondre la margarine, ajouter la farine et la boisson , puis fouetter sans arrêt jusqu'à ce que le mélange épaississe. Ajouter le bouillon de légumes en poudre, mélanger et transvider dans le mélange de légumes ; brasser et réserver.

4. Utiliser 5 carrés de pâte phyllo par petit pâté. Dans un moule pour 12 muffins, déposer les carrés de pâte phyllo un à un en prenant le soin de badigeonner chaque carré de margarine. Déposer en alternant le sens afin de couvrir toute la coupelle.

5. Déposer 30 ml (2 c. à soupe) de mélange de légumes et de sauce dans chacun des moules, et refermer délicatement les carrés complètement.

6. Enfourner sur la grille du milieu, de 15 à 20 minutes, jusqu'à ce que la pâte phyllo soit dorée.

TOFU SAUCE AIGRE-DOUCE

2 portions

Je me souviens du temps où je n'aimais pas le tofu. Je n'arrivais pas à l'apprécier, et c'est en le cuisinant de plusieurs manières que j'ai appris à l'aimer. Graduellement, j'ai compris qu'on lui donne le goût qu'on veut avec les aliments qui l'accompagnent et l'assaisonnent.

½ bloc de tofu ferme

15 ml (1 c. à soupe) d'huile d'olive

Sauce

60 ml (¼ tasse) de jus de citron

60 ml (¼ tasse) de tamari sans gluten

30 ml (2 c. à soupe) de sirop d'érable

30 ml (2 c. à soupe) de sucre de canne doré

15 ml (1 c. à soupe) d'eau

5 ml (1 c. à thé) de gingembre frais, râpé

1 gousse d'ail râpée

1. Rincer et assécher le morceau de tofu, et le couper en cubes (de la grosseur désirée). Dans une poêle, faire revenir dans l'huile d'olive jusqu'à ce que tous les côtés soient dorés. Réserver.

2. Dans un bol, mélanger tous les ingrédients de la sauce, puis ajouter la sauce au tofu et faire cuire quelques minutes, jusqu'à ce que la sauce réduise un peu. Bien enduire de sauce tous les morceaux de tofu.

Vous pouvez servir avec du riz ou du quinoa. Sur la photo, c'est un mélange de riz brun, de quinoa et de millet.

RIZ AUX LÉGUMES

2 à 3 portions

J'ai une confession à faire : le repas que j'aime le moins est le riz. Et pourtant, c'est avec cette recette que j'ai appris à l'aimer. Vous pouvez y ajouter des pois chiches ou des lentilles, qui sauront bien accompagner le riz brun.

250 ml (1 tasse) de riz brun
5 ml (1 c. à thé) de bouillon de légumes en poudre
250 ml (1 tasse) d'eau
2 gousses d'ail, émincées
1 échalote française, émincée
15 ml (1 c. à soupe) d'huile d'olive
6 champignons, coupés en dés
1 poignée d'épinards
250 ml (1 tasse) de bouquets de brocoli
30 ml (2 c. à soupe) de levure alimentaire
125 ml (½ tasse) de coulis de tomate
Poivre, au goût

1. Cuire le riz selon les indications sur l'emballage.
2. Dissoudre la poudre de bouillon de légumes dans l'eau.
3. Dans une poêle à feu moyen, faire revenir l'ail et l'échalote dans l'huile d'olive de 2 à 3 minutes, puis ajouter les champignons, les épinards et le brocoli. Cuire 2 à 3 minutes.
4. Ensuite, ajouter la levure alimentaire, le coulis de tomate, le bouillon de légumes et le poivre. Laisser réduire quelques minutes.
5. Déposer les légumes sur le riz.

PÂTÉ DE QUINOA AU TOFU

4 portions

Dans cette recette, vous pouvez remplacer le tofu par une légumineuse de votre choix, ou par un autre légume, comme le brocoli ou le chou-fleur. Ce qui est intéressant, c'est qu'on peut modifier la recette avec les légumes de notre choix. Un bon repas chaud par une journée froide.

250 ml (1 tasse) de quinoa
375 ml (1½ tasse) d'eau
1 moyenne ou 2 petites échalotes, hachées
2 gousses d'ail hachées
15 ml (1 c. à soupe) d'huile d'olive
1 bloc de tofu, rincé et épongé
1 courgette, coupée en dés
2 moyennes carottes, coupées en dés
2 branches de céleri, coupées en dés
30 ml (2 c. à soupe) de tamari sans gluten
Jus de ½ citron
5 ml (1 c. à thé) de persil séché
5 ml (1 c. à thé) de basilic séché
Poivre et curcuma, au goût
125 à 250 ml (½ à 1 tasse) de fromage végétal râpé

1. Préchauffer le four à 175 °C (350 °F).

2. Dans une casserole, faire cuire le quinoa dans l'eau, environ 10 à 15 minutes. Fermer le feu et couvrir. Réserver.

3. Dans une poêle à feu moyen, faire revenir l'échalote et l'ail dans l'huile d'olive. Ajouter le tofu et faire dorer. Ajouter la courgette, les carottes et le céleri, et faire cuire environ 5 minutes ou jusqu'à ce que les légumes soient tendres. Ajouter le tamari, le jus de citron, le persil, le basilic et le poivre.

4. Dans un plat d'environ 22,5 × 32,5 cm (9 × 13 po), déposer le mélange de tofu et de légumes, puis recouvrir du quinoa et du fromage, et saupoudrer un peu de curcuma. Enfourner sur la grille du milieu, environ 15 à 20 minutes, jusqu'à ce que le fromage soit fondu et le quinoa, légèrement doré.

BOULETTES DE LENTILLES ET DE NOIX

18 boulettes

Les végétaliens vont me comprendre : quand vient le temps des fêtes, on cherche toujours de nouvelles idées de repas afin d'apporter de la nouveauté, et ce n'est pas toujours évident. Je devais recevoir pour le dîner de Noël, alors je fouillais dans les livres de recettes sans pour autant trouver de bonnes idées qui me plaisaient. Puis, j'ai repensé aux repas de mon enfance, du temps des tourtières et des ragoûts de boulettes. Et j'ai eu l'idée d'en faire avec des lentilles et des noix. Et depuis, je m'en fais régulièrement, été comme hiver.

30 ml (2 c. à soupe) de graines de chia
90 ml (6 c. à soupe) d'eau
1 boîte de lentilles, rincées et égouttées
2 gousses d'ail hachées
1 oignon, haché finement
500 ml (2 tasses) de champignons de Paris, coupés finement
15 ml (1 c. à soupe) d'huile d'olive
80 ml (⅓ tasse) de canneberges séchées
10 ml (2 c. à thé) de levure alimentaire
30 ml (2 c. à soupe) de tamari sans gluten
125 ml (½ tasse) de noix de Grenoble hachées
125 ml (½ tasse) de cajous hachés
Poivre, au goût
Environ 125 ml (½ tasse) de mie de pain fine

Sauce

125 ml (½ tasse) de sucre de canne
60 ml (¼ tasse) d'eau
500 ml (2 tasses) de canneberges fraîches ou congelés
15 ml (1 c. à soupe) de sirop d'érable
2 branches de romarin frais

1. Préchauffer le four à 175 °C (350 °F).
2. Dans un petit bol, faire tremper les graines de chia dans l'eau. Réserver.
3. Dans un autre bol, piler les lentilles. Réserver.
4. Dans une grande poêle, faire revenir l'ail, l'oignon et les champignons dans l'huile d'olive durant 5 à 7 minutes. Ajouter ensuite les canneberges, la levure alimentaire, le tamari, les noix de Grenoble et les cajous, et faire cuire 1 à 2 minutes. Bien mélanger. Ajouter du poivre au goût. Retirer du feu.
5. Bien incorporer ce mélange aux lentilles. Ajouter les graines de chia (elles auront une consistance gélatineuse) et la mie de pain. Mélanger.
6. Attention, le mélange peut être chaud. Laisser tiédir, puis façonner des boulettes. Le mélange donne environ 18 boulettes. Tapisser une plaque à biscuits de papier parchemin et y déposer les boulettes. Enfourner sur la grille du milieu, pendant environ 8 minutes. Retourner les boulettes et faire cuire environ 5 minutes, jusqu'à ce qu'elles aient légèrement doré.
7. Suggestion de sauce : servir les boulettes avec une sauce aux canneberges.
8. Dans une casserole à feu moyen, faire fondre le sucre dans l'eau, ajouter les canneberges, le sirop d'érable et le romarin, et laisser cuire de 10 à 15 minutes, jusqu'à ce que les canneberges éclatent et que le mélange ait épaissi. Ensuite, enlever les branches de romarin et écraser les canneberges avec un pilon à pommes de terre.

HAMBURGER AUX POIS CHICHES AVEC SALSA

4 portions

À l'époque où je mangeais de la viande, j'aimais bien manger des hamburgers ; en tant que végétalienne, je ne m'offrais plus ce plaisir, alors j'ai eu l'idée de créer des hamburgers végé, ce qui s'est avéré être une de mes meilleures idées. J'en raffole. Servez-les avec de la salsa ou de la relish de courgettes.

Boulettes

1 boîte de 398 ml (15 oz) de pois chiches, rincés et égouttés
250 ml (1 tasse) de riz brun, cuit
1 moyenne échalote française, hachée
2 carottes râpées grossièrement
15 ml (1 c. à soupe) de levure alimentaire
15 ml (1 c. à soupe) de tamari sans gluten
15 ml (1 c. à soupe) d'huile d'olive
Poivre et sel, au goût

Salsa

1 boîte de 398 ml (15 oz) de tomates en morceaux
1 gousse d'ail
1 oignon
30 ml (2 c. à soupe) de sucre de canne
5 ml (1 c. à thé) de basilic
5 ml (1 c. à thé) de persil
5 ml (1 c. à thé) d'origan
Poivre, au goût

4 gros pains à hamburger
Laitue

1. Mettre tous les ingrédients pour les boulettes de pois chiches dans un robot culinaire et bien mélanger. Faire les boulettes. Donne environ 4 ou 5 moyennes boulettes. Réserver.

2. Pour la salsa, mettre tous les ingrédients au robot culinaire et mélanger. Réserver.

3. Dans une poêle à feu moyen, faire cuire les boulettes dans un peu d'huile d'olive de 2 à 3 minutes de chaque côté. Déposer sur des pains à hamburger, et garnir de salsa et de laitue.

4. Vous pouvez faire griller vos pains à hamburger dans un grille-pain ou un petit four.

& Finissantes
2014
SAINT NOM DE MARIE

L'héritage de mon père

La voix de mon père résonnera toujours en moi ;
ce sera celle qui me guidera et me dira de ne jamais abandonner.

Au début du travail sur ce livre, je ne pensais pas du tout écrire un texte sur l'héritage de mon père. J'avais envisagé d'en glisser un mot dans les remerciements et également d'écrire une anecdote ou deux, mais j'aurais surtout dit à quel point il aimait goûter aux recettes et suivre leur évolution à travers les photos et les décors que je créais. Cependant, tout a changé si rapidement que je cherche encore des repères ; alors que j'étais en plein milieu de la rédaction ce livre, il est décédé subitement. Tout mon univers venait de s'effondrer. Lui qui était si fort ; lui, mon pilier, mon héros, l'homme le plus important de ma vie venait de nous quitter… Ce livre est un hommage à tout ce qu'il m'a légué. Il m'a montré à persévérer, à croire en moi et en mes rêves. Il m'a toujours guidée et il était présent pour me réconforter et me dire de ne pas abandonner. Après son départ, je devais poursuivre le travail ; pour lui, pour sa fierté à mon égard, pour tous les souvenirs que nous avons partagés.

Mon père, Raynald, faisait un jardin tous les printemps ; il aimait travailler la terre et il m'a transmis cet amour afin que je cultive moi aussi mon jardin. Il m'a enseigné les bases de la culture des légumes. Il m'a montré à planter les plants, à semer les graines et surtout à en prendre soin. Nous pouvions passer des heures à discuter de la récolte de pommes de terre qu'il affectionnait tout particulièrement, des bienfaits de l'ail et de la complexité de cultiver certains légumes. Il m'a aussi transmis son amour du bois, de marcher en forêt, d'apprécier ce que la nature nous offrait et de prendre le temps de regarder un magnifique coucher de soleil sur le fleuve. Il aimait goûter à mes recettes. Quand j'allais visiter mes parents, je remarquais que les yeux de mon père brillaient quand il me voyait arriver les bras chargés de petits gâteaux, de biscuits ou de soupe.

Il m'a transmis tant de savoir, et ce que je retiens est son dévouement pour sa famille. Il aimait nous avoir tous autour de la table, à savourer un bon repas, à rire et à nous raconter de beaux souvenirs. Un des derniers repas que nous avons partagés a été au manoir Richelieu, à Charlevoix ; je m'en souviens très bien, pas seulement en raison du repas, mais pour cette magnifique journée que nous avons passée avec ma mère.

Merci, papa, pour tout ce que tu m'as transmis ; ton héritage est le plus beau cadeau que j'ai reçu. Je t'aime.

Il m'a aussi transmis son amour du bois, de marcher en forêt, d'apprécier ce que la nature nous offrait et de prendre le temps de regarder un magnifique coucher de soleil sur le fleuve.

Chapitre 6

PÂTES ET PIZZA

PIZZA AU HOUMOUS

2 moyennes pizzas

J'ai toujours aimé la pizza ; c'est un repas qu'on modifie à notre goût avec de la sauce, des légumes, du fromage de soya ou de riz. J'ai apporté ma touche personnelle à cette recette, question de faire changement.

Pâte à pizza
(Cette recette de pâte à pizza demande une machine à pain, mais peut être faite à la main.)

1 l (4 tasses) de farine blanche non blanchie
375 ml (1½ tasse) d'eau
30 ml (2 c. à soupe) d'huile d'olive
10 ml (2 c. à thé) de sel de mer
10 ml (2 c. à thé) de sucre de canne
10 ml (2 c. à thé) de levure active sèche (pour machine à pain)

Houmous aux haricots

1 boîte de haricots blanc (cannellini), rincés et égouttés
1 petit oignon blanc, haché
60 ml (¼ tasse) d'eau
30 ml (2 c. à soupe) d'huile d'olive
15 ml (1 c. à soupe) de tahini
10 ml (2 c. à thé) d'origan séché
5 ml (1 c. à thé) de basilic séché
Poivre et sel, au goût

Légumes aux choix
Fromage de riz ou de soya

1. Placer tous les ingrédients de la pâte dans la machine à pain ; selon le réglage, le processus prend environ 1 h 30. Une fois la pâte à pizza prête, préchauffer le four à 190 °C (375 °F), diviser la pâte en deux et étaler sur des plaques à pizza. Sur la grille du milieu, cuire pendant 10 minutes. Réserver. Pendant que la pâte cuit, préparez le houmous.

2. Réduire tous les ingrédients au robot culinaire et étaler le houmous sur les pâtes à pizza. Ajouter les légumes désirés ainsi que le fromage de riz ou de soya, et cuire 15 minutes à 190 °C (375 °F) et 5 minutes à 200 °C (400 °F).

SPIRALES AU RIZ BRUN ET SAUCE CRÉMEUSE À L'AIL

2 portions

Les pâtes de riz brun absorbent la sauce rapidement, alors je vous suggère de les servir aussitôt qu'elles sont prêtes. Vous pouvez accompagner les pâtes de la Salade de légumes et de noix avec vinaigrette à l'érable (page 97). J'aime particulièrement manger de la salade avec des pâtes ; je trouve que c'est une belle combinaison. Les pâtes sans gluten se cuisinent bien, on en retrouve aussi bien au riz qu'au sarrasin, et elles donnent un goût plus prononcé aux recettes.

1 grosse gousse d'ail pressée
15 ml (1 c. à soupe) d'huile olive
310 ml (1¼ tasse) de boisson de soya
30 ml (2 c. à soupe) de farine de pois chiches
15 ml (1 c. à soupe) de levure alimentaire
Poivre et sel rose, au goût
500 ml (2 tasses) de spirales (pâtes de riz brun), cuites

1. Dans une poêle à feu moyen, faire revenir l'ail dans l'huile d'olive pendant 2 à 3 minutes, puis ajouter la boisson et la farine de pois chiches.
2. Réduire le feu et mélanger doucement.
3. Ajouter la levure alimentaire, le poivre et le sel, et continuer de mélanger de 4 à 5 minutes, jusqu'à ce que le mélange épaississe un peu.
4. Ajouter les spirales et bien les enrober de sauce.

LINGUINES AU PESTO DE NOIX ET D'ÉPINARDS

2 à 3 portions

J'aime tester de nouvelles recettes de pâtes, comme ces linguines multicolores. Je me suis alors dit que ce serait intéressant de les accompagner de pesto au lieu d'une sauce aux tomates. Le résultat est savoureux. J'ai reçu ces linguines multicolores en cadeau ; mes parents avaient visité une charmante boutique à Saint-Jean-Port-Joli.

250 g (9 oz) de linguines multicolores

Pesto

500 à 750 ml (2 à 3 tasses) d'épinards, rincés
125 ml (½ tasse) de noix de Grenoble
125 ml (½ tasse) d'huile d'olive
1 gousse d'ail râpée
Poivre et sel rose, au goût

1. Faire cuire les linguines selon les indications sur l'emballage. Ce type de pâtes est plus long à cuire. Réserver.
2. Pendant ce temps, préparer le pesto. Mettre tous les ingrédients au robot culinaire, et réduire jusqu'à ce que la texture soit lisse.
3. Servir les pâtes en y versant un peu de pesto.

SAUCE STYLE BOLOGNAISE

4 portions

Quand vient le temps de préparer une sauce à spaghetti, je cherche souvent à faire changement ; et je préfère en cuisiner une plutôt que d'acheter celles toutes faites à l'épicerie, car ces dernières contiennent trop de sodium. Une sauce à spaghetti maison, c'est bien meilleur. Essayez la mienne. Bon appétit !

1 grosse ou 2 moyennes courgettes coupées en dés
8 à 10 tomates italiennes, coupées en dés
1 tomate rose, coupée en dés
1 boîte de tomates en dés
2 oignons, hachés
3 moyennes carottes, coupées en dés
500 ml (2 tasses) d'eau
15 ml (1 c. à soupe) de pâte de tomates
15 ml (1 c. à soupe) d'huile d'olive
10 ml (2 c. à thé) de sucre de canne
10 ml (2 c. à thé) de basilic séché
10 ml (2 c. à thé) d'origan séché
Poivre et sel rose, au goût

1. Mettre tous les ingrédients dans une grande casserole à feu doux, et faire cuire pendant 1 heure à 1 heure et demie.

2. Vous pouvez retirer la peau des tomates avant de les couper en dés.

FOCACCIAS AUX OLIVES, AUX TOMATES ET AUX OIGNONS

2 focaccias

Si vous cuisinez cette recette pour votre famille, on vous en redemandera. C'est ce qui m'est arrivé quand je l'ai fait. Cette focaccia est si bonne qu'on la mange comme repas principal ; au déjeuner ou au dîner. On peut aussi l'accompagner d'une salade, de Croustilles de chou *kale* (page 59) ou de Roulés à la tartinade de tofu (page 103). La recette de pâte est simple à réaliser.

250 ml (1 tasse) d'eau tiède
15 ml (1 c. à soupe) de sucre de canne
1 sachet de 8 g (0,25 oz) de levure active
750 ml (3 tasses) de farine blanche non blanchie
5 ml (1 c. à thé) de sel
60 ml (¼ tasse) d'huile d'olive
1 oignon blanc, finement tranché
1 oignon rouge, finement tranché
1 oignon jaune, finement tranché
Environ 250 ml (1 tasse) d'olives noires tranchées
2 à 3 tomates italiennes, tranchées
Origan séché, basilic séché et mélange d'épices, au goût

1. Dans un petit bol, mettre l'eau tiède, le sucre et la levure active. Laisser reposer pendant 10 minutes.

2. Dans le bol du batteur sur socle, mettre la farine, le sel et l'huile d'olive. Mélanger. Ajouter ensuite le mélange d'eau tiède, de levure et de sucre. Bien mélanger à l'aide du crochet jusqu'à l'obtention d'une boule, c'est-à-dire environ 3 à 4 minutes.

3. Déposer la pâte dans un bol, recouvrir d'un linge humide et la laisser reposer dans une pièce chaude environ 1 heure pour qu'elle lève.

4. Préchauffer le four à 230 °C (450 °F).

5. Étendre la pâte sur une plaque à pizza ou à biscuits et ajouter un peu d'huile d'olive. Faire de petits trous dans la pâte (pas jusqu'au fond) à l'aide d'une fourchette. Déposer ensuite les oignons en rangées (pour faire joli, séparer les couleurs), les olives et les tomates. Ajouter l'origan, le basilic et le mélange d'épices désiré.

6. Faire cuire environ 20 minutes, jusqu'à ce que la pâte soit dorée.

ROULEAUX DE LASAGNE

3 à 4 portions

Il y a plusieurs années, quand je mangeais du fromage, je raffolais de la lasagne. J'aimais la combinaison de la sauce tomate, des épices et du fromage. Toutefois, ce n'était pas la sauce à la viande que j'aimais ; j'aimais la simplicité de ce plat. J'ai voulu ajouter des lentilles à cette recette de rouleaux de lasagne, question de me créer une nouvelle tradition. Les repas de lasagne sont souvent des recettes traditionnelles transmises de génération en génération ; surtout en ce qui a trait à la sauce tomate. La lasagne est un plat provenant de Bologne, en Italie, et qui daterait du XIVe siècle. À l'époque, la recette ne comprenait pas de tomates.

6 à 8 lasagnes
1 gousse d'ail hachée
1 oignon, émincé
15 ml (1 c. à soupe) d'huile d'olive
1 brocoli, coupé en bouquets
1 poignée d'épinards
375 ml (1½ tasse) de coulis de tomate
80 ml (⅓ tasse) d'eau
½ boîte de lentilles, rincées et égouttées
15 ml (1 c. à soupe) d'épices mélangées
15 ml (1 c. à soupe) de sucre de canne
Poivre, au goût
500 ml (2 tasses) de fromage végétal râpé

1. Préchauffer le four à 175 °C (350 °F).

2. Dans une casserole d'eau bouillante, faire cuire les lasagnes de 10 à 12 minutes. Réserver.

3. Dans une poêle à feu moyen, faire revenir l'ail et l'oignon dans l'huile d'olive de 2 à 3 minutes, puis ajouter le brocoli et les épinards, et cuire encore 4 à 5 minutes. Ajouter le coulis de tomate, l'eau, les lentilles, les épices, le sucre et le poivre. Laisser mijoter 4 à 5 minutes. Retirer du feu.

4. Déposer les lasagnes sur une planche à découper. Sur chacune des pâtes, disposer 15 à 30 ml (1 à 2 c. à soupe) de fromage râpé et 30 à 45 ml (2 à 3 c. à soupe) de sauce. Rouler ensuite les pâtes délicatement pour éviter que le mélange déborde.

5. Déposer les rouleaux de lasagne dans un plat de 20 × 32,5 cm (8 × 13 po), recouvrir de la sauce restante, couvrir et mettre au four de 25 à 30 minutes.

SAUCE À PIZZA MAISON

Pour 2 pizzas moyennes

Il y avait cette odeur qui chatouillait mon nez. Du haut de mes cinq ou six ans, j'entrais dans la cuisine et je salivais. Ma mère était affairée à cuisiner une sauce à pizza. Je voulais toujours qu'elle me fasse goûter, et j'aimais particulièrement qu'elle en badigeonne sur une tranche de pain. Quel délice ! Cette recette est inspirée de la sauce à pizza de ma mère.

5 ou 6 grosses tomates
2 gousses d'ail hachées
1 oignon, haché
45 ml (3 c. à soupe) d'huile d'olive
5 ml (1 c. à thé) de persil séché haché
5 ml (1 c. à thé) de basilic séché
15 ml (1 c. à soupe) de sucre de canne
30 ml (2 c. à soupe) de purée de tomates
Poivre et sel, au goût

1. Pour monder les tomates, retirer le pédoncule, faire une entaille à la base et plonger dans l'eau bouillante quelques secondes, et dans l'eau froide par la suite ; retirer la peau. Couper en morceaux. Réservez.

2. Dans une casserole, faire revenir l'ail et les oignons dans l'huile d'olive quelques minutes avant d'ajouter les tomates, le persil, le basilic, le sucre et la purée de tomates. Saler et poivrer au goût. Cuire à feu doux environ 1 heure et demie à découvert (ou demi-découvert).

NOUILLES SOBA ET TOFU FUMÉ

4 portions

En travaillant sur ce livre, j'aimais essayer de nouvelles saveurs, de nouveaux goûts et de nouveaux aliments au fil des jours. Je devais sans cesse trouver de nouvelles idées afin de me donner de l'inspiration pour préparer des recettes. J'ai vu un reportage à la télévision sur les nouilles soba et j'ai eu le goût d'en essayer. J'ai découvert les nouilles soba, qui, soit dit en passant, peuvent être faites maison, et j'ai eu un gros coup de cœur.

1 paquet de nouilles soba au sarrasin
1 gousse d'ail hachée finement
½ grosse échalote, émincée
15 ml (1 c. à soupe) d'huile de sésame
1 paquet de tofu fumé, coupé en petits cubes
45 ml (3 c. à soupe) de tamari
45 ml (3 c. à soupe) de sirop d'érable
75 à 90 ml (5 à 6 c. à soupe) d'eau
15 ml (1 c. à soupe) de gingembre en poudre
30 ml (2 c. à soupe) de graines de sésame
Poivre, au goût

1. Dans une casserole d'eau bouillante, faire cuire les nouilles soba selon les indications sur l'emballage. Réserver.

2. Dans une poêle à feu moyen, faire revenir l'ail et l'échalote quelques minutes dans l'huile de sésame, puis ajouter le tofu. Faire dorer.

3. Ajouter ensuite le tamari, le sirop d'érable, l'eau, le gingembre, les graines de sésame et le poivre. Bien enrober le tofu.

4. Ajouter les nouilles soba au tofu et bien mélanger.

Les anges dans ma cuisine

Le début

Décembre 2013. L'aventure commence sur Facebook, où je crée une page et je partage ma première recette : Muffins aux carottes, aux canneberges et à la noix de coco. Je reçois de très bons commentaires et ils m'encouragent à poursuivre. Voici la recette :

Muffins aux carottes, aux canneberges et à la noix de coco

12 muffins

30 ml (2 c. à soupe) de flocons de sarrasin
125 ml + 30 ml (½ tasse + 2 c. à soupe) de boisson de soya
250 ml (1 tasse) de carottes râpées
60 ml (¼ tasse) de sirop d'érable
125 ml (½ tasse) de compote de pommes non sucrée
60 ml (¼ tasse) d'huile de canola
500 ml (2 tasses) de farine blanche non blanchie
80 ml (⅓ tasse) de canneberges séchées
80 ml (⅓ tasse) de noix de coco râpée
45 ml (3 c. à soupe) de sucre de canne
10 ml (2 c. à thé) de levure chimique
2,5 ml (½ c. à thé) de muscade

1. Préchauffer le four à 190 °C (375 °F). Tapisser un moule à muffins de caissettes en papier.
2. Dans un bol, mélanger les flocons de sarrasin, la boisson , les carottes râpées, le sirop d'érable, la compote de pommes et l'huile. Mettre de côté.
3. Dans un grand bol, mélanger tous les ingrédients secs (incluant les canneberges et la noix de coco). Creuser un puits.
4. Versez le premier mélange dans le puits et incorporer doucement à l'aide d'une cuillère. Ne pas trop mélanger.
5. Déposer le mélange en remplissant les caissettes aux trois quarts.
6. Cuire environ 25 minutes ou jusqu'à ce qu'un cure-dent en ressorte sec.

Le titre

Le titre *Les anges dans ma cuisine* me trottait dans la tête bien avant 2013. Je voulais depuis plusieurs années partager ma passion pour la nourriture, mais je ne trouvais pas le temps. Et puis, j'avais besoin d'être guidée. Le titre *Les anges dans ma cuisine* est alors apparu dans un rêve. Je le trouvais tellement joli.

Le livre

Au début de l'aventure, je ne pensais pas faire un livre de recettes ; je croyais seulement partager mes recettes sur ma page Facebook. L'engouement des gens a été surprenant et on me demandait presque tous les jours si j'avais publié un livre ou si j'allais en faire un. Je me suis surprise à aimer l'idée. J'ai alors créé un site Internet et j'ai pris en note de nouvelles recettes. Puis, je me suis lancée.

Les photos

J'avais en tête une vision et un look pour mon livre. Afin de recréer ce que je désirais réellement, j'ai fait les photos moi-même. Le travail a été long et ardu, car, outre la prise des photos, j'ai aussi fait du stylisme ; deux métiers totalement différents de celui d'auteure. Comme j'aime les défis, je me suis lancée. Au fil des séances photo, j'ai acquis de l'expérience et je me suis surprise à aimer ça. J'avais hâte à la prochaine recette afin de créer un nouveau décor. Je me suis découvert une nouvelle passion, un nouveau métier ; qui sait? Ma photo préférée est le hamburger de pois chiches.

La mission

C'est simple : je désire donner aux gens le goût de cuisiner, tout en offrant des recettes inspirantes, simples et délicieuses, sans prétention. Je veux que ce livre soit un guide vers de meilleures habitudes alimentaires.

Chapitre 7

POTAGES ET SOUPES

SOUPE QUINOA, CAROTTES ET HARICOTS ÉPICÉS

3 à 4 portions

Une soupe, c'est réconfortant. Je l'apprécie souvent par temps froid, mais j'aime aussi me faire des soupes tout au long de l'année. C'est un repas facile à préparer, nourrissant, délicieux et économique. Bonne soupe ! Les vertus du curcuma sont nombreuses et très bénéfiques pour la santé, surtout s'il est combiné au poivre. Cette épice contient énormément de vitamine C, mais aussi du fer. Elle augmente la sécrétion de bile et aide à la digestion. Elle agit également comme un antidépresseur naturel.

1 l (4 tasses) d'eau
20 ml (4 c. à thé) de bouillon de légumes en poudre
125 ml (½ tasse) de jus de tomate
10 ml (2 c. à thé) de pâte de tomates
60 ml (¼ tasse) de quinoa
3 moyennes carottes, coupées en dés
½ boîte de haricots, rincés et égouttés
1 petit oignon, émincé
2,5 ml (½ c. à thé) de curcuma
2,5 ml (½ c. à thé) de gingembre en poudre
Poivre, au goût

1. Dans une casserole, porter l'eau et le bouillon de légumes à ébullition, puis ajouter le jus de tomate, la pâte de tomates, le quinoa, les légumes et les épices. Une fois à ébullition de nouveau, réduire à feu moyen et cuire de 25 à 30 minutes, jusqu'à ce que les légumes soient tendres.

POTAGE AUX CHAMPIGNONS ET AUX POMMES DE TERRE

3 à 4 portions

Une bonne soirée d'automne, assise près du poêle à bois, à lire un bon livre en écoutant le crépitement du feu, je ressens la faim se frayer un chemin ; ma première pensée est de me faire un bon potage aux champignons et aux pommes de terre.

15 ml (3 c. à thé) de bouillon de légumes en poudre
750 ml (3 tasses) d'eau
1 gros oignon, coupé en morceaux
2 gousses d'ail hachées
30 ml (2 c. à soupe) d'huile d'olive
4 moyennes pommes de terre, coupées en morceaux
5 gros champignons, coupés en moitiés
Curcuma, sel et poivre, au goût
60 ml (¼ tasse) de boisson de soya

1. Dissoudre la poudre de bouillon de légumes dans l'eau.

2. Dans une casserole à feu moyen, faire revenir l'oignon et l'ail dans l'huile d'olive environ 5 minutes à couvert, en remuant de temps en temps. Ajouter ensuite les pommes de terre, les champignons et le bouillon de légumes, et saler et poivrer au goût. Porter à ébullition, réduire le feu et laisser mijoter environ 20 minutes à couvert. Les pommes de terre doivent être tendres.

3. Après avoir retiré la casserole du feu, passer le potage au mélangeur ou robot culinaire, jusqu'à ce que le mélange soit lisse. Transvider dans la casserole, ajouter la boisson et réchauffer à feu doux pendant 5 minutes.

4. Servir dans des bols, puis parsemer les portions de curcuma et de poivre.

SOUPE-REPAS RÉCONFORT

6 à 8 portions

Chaque fois que l'automne arrive, je me sens toujours réconfortée à l'idée de manger une bonne soupe. Dans cette recette, j'ai voulu inclure du quinoa au lieu du riz ou des pâtes. Vous pouvez remplacer les lentilles vertes par des lentilles jaunes, des pois chiches ou des haricots. La soupe doit être synonyme de simplicité. On peut prendre les légumes qu'on a dans le réfrigérateur et se préparer de très bonnes soupes.

- 2 échalotes françaises, émincées
- 2 gousses d'ail hachées
- 15 ml (1 c. à soupe) d'huile d'olive
- 2,5 l (10 tasses) d'eau
- 25 ml (5 c. à thé) de bouillon de légumes en poudre
- 2 pommes de terre, pelées et coupées en dés
- 2 grosses carottes, coupées en dés
- 2 branches de céleri, coupées en dés
- 45 ml (3 c. à soupe) de pâte de tomates
- 125 ml (½ tasse) de lentilles vertes sèches
- 60 ml (¼ tasse) de quinoa
- Épices, au goût (j'aime utiliser un mélange d'épices qui contient du thym, du basilic, de la ciboulette et de l'ail)
- 2 branches d'origan frais
- 2,5 ml (½ c. à thé) d'herbes salées, pour rehausser le goût
- Poivre et sel, au goût

1. Dans une casserole à feu moyen, faire revenir l'échalote et l'ail dans l'huile d'olive pendant quelques minutes.
2. Ajouter l'eau et le bouillon de légumes, et augmenter le feu à vif. Couvrir et porter à ébullition.
3. Ajouter ensuite les légumes et la pâte de tomates, couvrir et réduire à feu moyen de 15 à 20 minutes.
4. Lorsque les légumes sont presque cuits, ajouter les lentilles et le quinoa. Faire cuire environ 15 minutes supplémentaires. Pendant ce temps, ajouter les épices, l'origan, les herbes salées, le sel et le poivre.

POTAGE AUX CONCOMBRES

3 à 4 portions

Il y a quelques étés, alors que mon jardin débordait de concombres, je savais que je devais trouver des idées de recettes. Je n'avais jamais goûté à un potage de concombres ; j'ai décidé d'en faire un et j'ai été surprise du résultat. C'est léger et rafraîchissant. Si vous aimez les saveurs plus relevées, je vous suggère d'ajouter une gousse d'ail hachée.

1 oignon rouge, coupé en morceaux
1 pomme de terre, coupée en morceaux
15 ml (1 c. à soupe) d'huile d'olive
750 ml (3 tasses) d'eau
15 ml (3 c. à thé) de bouillon de légumes en poudre
3 moyens concombres (anglais ou autres), pelés et évidés
15 ml (1 c. à soupe) d'herbes salées
Poivre, graines de céleri et curcuma au goût

1. Dans une casserole à feu moyen, faire revenir l'oignon et la pomme de terre dans l'huile d'olive. Ajouter l'eau, le bouillon de légumes, les concombres et les herbes salées. Faire cuire environ 15 minutes à découvert, ou jusqu'à ce que les légumes soient tendres.

2. Transvider dans un mélangeur. Réduire jusqu'à l'obtention d'une consistance homogène. Remettre ensuite dans le chaudron et ajouter le poivre au goût ainsi que les graines de céleri et le curcuma.

SOUPE AUX TOMATES ET AUX POIS CHICHES

2 à 3 portions

Pour aimer cette recette, il faut apprécier les oignons. Si vous préférez, vous pouvez seulement mettre la moitié de l'oignon, le goût sera plus doux. Cette soupe aux tomates et aux pois chiches peut être accompagnée d'un pita au Houmous aux carottes (page 67), d'un sandwich ou de craquelins.

8 à 10 tomates italiennes

2 à 3 gousses d'ail (enlever la pelure)

1 gros oignon, haché

15 ml (1 c. à soupe) d'huile d'olive

500 ml (2 tasses) d'eau

10 ml (2 c. à thé) de basilic

Poivre et sel, au goût

1 boîte de pois chiches, rincés et égouttés

1. Préchauffer le four à 175 °C (350 °F).

2. Sur une plaque à biscuits ou un plat allant au four, déposer les tomates préalablement percées à l'aide d'un couteau. Disposer les gousses d'ail. Mettre au four sur la grille du milieu de 15 à 20 minutes, jusqu'à ce que les tomates soient cuites et qu'on en voie le jus. Sortir du four. Laisser refroidir. Enlever la pelure si désiré (pour cette recette, je l'ai conservée). Réduire au mélangeur avec l'ail.

3. Dans une casserole, à feu moyen, faire revenir l'oignon dans l'huile d'olive 3 à 4 minutes. Ajouter la purée de tomates et d'ail, puis l'eau, le basilic, le poivre et le sel. Couvrir et laisser cuire 10 à 15 minutes. Ajouter les pois chiches et faire cuire quelques minutes de plus.

POTAGE AUX COURGETTES ET AU CHOU *KALE*

3 à 4 portions

En prenant la photo du potage, je ne savais pas quel décor réaliser, ni ne trouvais rien comme accompagnement. J'ai fouillé dans l'armoire et je suis tombée sur des biscuits soda. Je me suis dit : Pourquoi pas? Qui n'a jamais mangé de ce type de craquelins avec un potage? J'aime les écraser dans mes potages.

1 oignon blanc, coupé en morceaux
2 tiges de fleurs d'ail
15 ml (1 c. à soupe) d'huile d'olive
45 ml (3 c. à soupe) de bouillon de légumes en poudre
750 ml (3 tasses) d'eau
1 grosse courgette, coupée en morceaux
3 carottes, coupées en morceaux
2 feuilles de chou *kale* (retirer la tige)
15 ml (1 c. à soupe) d'épices mélangées
Poivre, au goût
10 ml (2 c. à thé) d'herbes salées

1. Dans une casserole à feu moyen, faire revenir l'oignon et les tiges de fleurs d'ail dans l'huile d'olive. Ajouter le bouillon de légumes, l'eau, la courgette, les carottes et le chou *kale*. Augmenter à feu vif pour porter à ébullition. Réduire ensuite à feu moyen et faire cuire à découvert environ 15 minutes, ou jusqu'à ce que les légumes soient tendres. Ajouter les épices mélangées, le poivre et les herbes salées.

2. Transvider dans un mélangeur. Réduire jusqu'à l'obtention d'une consistance homogène. Remettre ensuite dans le chaudron.

SOUPE FROIDE AUX BETTERAVES ET AUX TOMATES

2 portions

C'était la première fois que je mangeais une soupe froide. Je ne savais pas du tout si j'allais aimer. Après tout, dans ma tête, une soupe se doit d'être chaude. Erreur. Une soupe froide, c'est bon, c'est nourrissant et c'est bourré de vitamines. En plus, par temps chaud, c'est le repas idéal. Je voulais également faire une recette sans ajouter d'épices, de sel et de poivre, afin de laisser toute la place au goût des légumes.

4 moyennes betteraves
2 tomates italiennes
2 tomates roses
1 petit oignon
15 ml (1 c. à soupe) d'huile d'olive

1. Enlever la pelure des betteraves et mettre tous les ingrédients au robot culinaire. Mélanger jusqu'à ce que les betteraves soient bien coupées.

Mon amour pour les desserts

J'adore cuisiner les desserts.

Je l'avoue, j'ai toujours préféré le sucré au salé. Même quand j'étais enfant, je me hâtais de goûter aux desserts que ma mère cuisinait. Je me souviens que j'avais un faible pour les gâteaux et les biscuits, mais également pour les beignets. J'étais une enfant très active, et je suis de la génération où il était normal de passer le plus clair de son temps dehors ; même en plein hiver. Il n'y avait pas d'ordinateur et de jeux vidéo pour accaparer notre temps. Je dépensais donc beaucoup d'énergie à jouer à divers jeux avec mes amis et mon frère. Quand j'arrivais à la maison et que ma mère avait cuisiné un dessert, je voulais toujours y goûter. Depuis que je suis végétalienne, j'ai dû faire la transition afin de cuisiner des desserts sans produits laitiers ni œufs. Je ne trouvais pas cela évident au début, mais je me suis rendu compte qu'un biscuit ou un muffin est tout aussi bon, sinon meilleur, sans lait ni œufs. En fait, j'ai compris que je pouvais très bien cuisiner le dessert qui me plaisait sans avoir recours à aucun produit animal. Les muffins, les gâteaux et les petits gâteaux ont une aussi belle texture et un bon goût. J'étais très heureuse de pouvoir continuer à me sucrer le bec. Il suffit de remplacer les produits laitiers et les œufs par des aliments comme des graines de lin, de la compote de pommes non sucrée, des bananes, des graines de chia, de l'huile de noix de coco, du beurre d'arachides ; bref, un choix assez varié d'ingrédients très bons pour la santé.

Il n'y a rien de mieux que partager un dessert entre amis.

Cette photo a été prise alors que je devais avoir 15 ou 16 ans à La Roche à Veillon, à Saint-Jean-Port-Joli, restaurant reconnu pour ses crêpes énormes qu'on mange au petit-déjeuner ou au dessert en y ajoutant une bonne rasade de sirop d'érable.

Biscuits aux pacanes et aux raisins (voir page 199)

Chapitre 8

DESSERTS

BISCUITS DÉLICE AU CHOCOLAT ET À LA NOIX DE COCO

12 à 14 biscuits

Quoi dire de plus que je vous suggère de boire un verre de boisson aux amandes et vous mets au défi d'essayer de n'en manger qu'un seul. Bonne chance !

Biscuits

310 ml (1¼ tasse) de farine blanche non blanchie
125 ml (½ tasse) de cassonade
125 ml + 15 ml (½ tasse + 1 c. à soupe) de boisson de soya (ou aux amandes)
125 ml (½ tasse) de cacao
80 ml (⅓ tasse) de margarine végétale
5 ml (1 c. à thé) de levure chimique

Garniture

250 ml (1 tasse) de noix de coco râpée
60 ml (¼ tasse) de sirop d'érable
60 ml (¼ tasse) d'huile de noix de coco vierge
5 ml (1 c. à thé) d'essence de vanille

1. Préchauffer le four à 175 °C (350 °F).
2. Dans un bol, mélanger les ingrédients des biscuits jusqu'à ce que le mélange devienne un boule de pâte ; ni trop collante ni trop sèche. Réserver.
3. Dans un autre bol, mélanger les ingrédients de la garniture. Réserver.
4. À la main, façonner de petites boules d'environ 2,5 cm (1 po), les écraser afin de former un cercle de 5 cm (2 po) de diamètre, déposer 5 ml (1 c. à thé) de garniture, puis refermer la boule. L'écraser ensuite légèrement.
5. Déposer les biscuits sur une plaque à biscuits recouverte de papier parchemin et faire cuire sur la grille du haut de 12 à 13 minutes.

BISCUITS AUX CAROTTES ET AUX NOIX

18 à 20 biscuits

Depuis que je suis enfant, j'adore le gâteau aux carottes autant que j'aime cuisiner des biscuits ; j'ai voulu combiner mes deux amours. J'aime le résultat, qui fait une excellente collation ou un bon dessert avec un verre de boisson de soya ou un thé vert.

250 ml (1 tasse) de farine blanche non blanchie
1,25 ml (¼ c. à thé) de levure chimique
1,25 ml (¼ c. à thé) de sel de mer fin
1,25 ml (¼ c. à thé) de muscade moulue
60 ml (¼ tasse) de margarine végétale
125 ml (½ tasse) de sucre de canne
125 ml (½ tasse) de compote de pommes
15 ml (1 c. à soupe) de graines de lin moulues
250 ml (1 tasse) de carottes râpées
60 ml (¼ tasse) de pacanes hachées
60 ml (¼ tasse) de noix de Grenoble hachées
60 ml (¼ tasse) de noix de coco râpée
45 ml (3 c. à soupe) de boisson de soya

1. Préchauffer le four à 175 °C (350 °F). Tapisser une plaque à biscuits de papier parchemin.

2. Dans un petit bol, mélanger la farine, la levure chimique, le sel et la muscade. Dans un second bol, battre la margarine et le sucre, avec un mélangeur à main ou à la cuillère de bois. Incorporer la compote de pommes et bien mélanger. Ajouter les graines de lin, puis les carottes râpées et continuer de mélanger. Ajouter les pacanes, les noix et la noix de coco. Incorporer ensuite le mélange de farine peu à peu. Ajouter la boisson et continuer de mélanger.

3. Déposer à la cuillère sur la plaque à biscuits. Cuire au four sur la grille du haut environ de 16 à 18 minutes.

POUDING AU RIZ

4 portions

Chaque fois que nous allions visiter ma grand-mère maternelle, je me hâtais de savoir si elle avait cuisiné du pouding au riz. Elle avait cette magie dans la cuisine qui transformait tous ces plats en des joyaux que nous adorions cuisiner. Et que dire de son pouding au riz ! En son honneur, j'en ai cuisiné et je l'ai mis dans les tasses qui lui appartenaient. Cela fait une très jolie photo.

250 ml (1 tasse) de riz à grains longs
875 ml (3½ tasses) de boisson de riz
30 ml (2 c. à soupe) de sirop d'érable
5 ml (1 c. à thé) d'essence de vanille
125 ml (½ tasse) de raisins secs

1. Mettre le riz, la boisson et le sirop d'érable dans une casserole à feu doux et faire cuire durant 20 à 25 minutes, jusqu'à ce que le riz soit tendre.
2. Ajouter l'essence de vanille et les raisins, et mélanger.

PETITS GÂTEAUX À L'ÉRABLE

12 petits gâteaux

Pour se sucrer le bec et se sentir gourmand, rien de mieux qu'un petit gâteau. Cette recette démontre que tous ceux qui disent que manger végé, c'est ennuyant, ont tort !

Petits gâteaux

500 ml (2 tasses) de farine blanche non blanchie
10 ml (2 c. à thé) de levure chimique
125 ml (½ tasse) de margarine végétale
125 ml (½ tasse) de sucre de canne
5 ml (1 c. à thé) d'essence de vanille
60 ml (¼ tasse) de sirop d'érable
250 ml (1 tasse) de boisson de soya
Beurre d'érable, au goût

Glaçage à l'érable

500 ml (2 tasses) de sucre à glacer
125 ml (½ tasse) de margarine végétale
30 ml (2 c. à soupe) de sirop d'érable
30 ml (2 c. à soupe) de beurre d'érable
Un peu de boisson de soya

1. Préchauffer le four à 175 °C (350 °F). Tapisser un moule à muffins de caissettes en papier.
2. Dans un bol, mélanger la farine et la levure chimique. Réserver.
3. Dans un autre bol, mélanger la margarine, le sucre, l'essence de vanille et le sirop d'érable. Ajouter le mélange de farine en alternant avec la boisson. Bien mélanger.
4. Déposer le mélange en remplissant les caissettes aux trois quarts.
5. Cuire sur la grille du milieu de 20 à 25 minutes.
6. Pour le glaçage, mettre tous les ingrédients dans un bol et fouetter avec un mélangeur à la main.
7. Placer les petits gâteaux sur une grille pour les laisser refroidir. Lorsqu'ils seront refroidis, retirer une portion de pâte en rond sur le dessus de chaque petit gâteau à l'aide d'un couteau ou d'une cuillère. Y déposer un peu de beurre d'érable. Recouvrir ensuite le dessus de chaque petit gâteau de glaçage à l'érable.

BARRES CHOCO-BANANE

16 à 20 barres

J'ai toujours aimé la combinaison chocolat et banane ; je cherchais donc à cuisiner un petit dessert savoureux, sans être trop gourmand. Vous raffolerez de ces barres choco-banane. Ma famille en redemande chaque fois. Je l'accompagne parfois de fraises et d'un bon thé vert. Vous pouvez incorporer au chocolat des noix, des pacanes, des amandes ou des noix de macadamia. Cette photo a été prise à la campagne, chez mon oncle Robert et ma tante Marie-Andrée, par une chaude journée d'été. Il faisait si chaud que le chocolat fondait à vue d'œil et je devais me dépêcher de prendre la photo. Chaque fois que j'entre dans cette maison, j'ai en mémoire de beaux souvenirs d'enfance ; surtout ceux avec mes cousins Mathieu et Emmanuel, ma cousine Marlène et mon frère, Dominique, alors que nous nous levions la nuit sans faire de bruit et que nous allions à l'extérieur observer les milliers d'étoiles dans le ciel et les chauves-souris.

15 ml (1 c. à soupe) de graines de lin moulues
60 ml (¼ tasse) de boisson de soya
80 ml (⅓ tasse) de margarine végétale
80 ml (⅓ tasse) d'huile de noix de coco vierge
125 ml (½ tasse) de sucre de canne
60 ml (¼ tasse) de sirop d'érable
1 banane, écrasée
500 ml (2 tasses) de farine blanche non blanchie
0,5 ml (⅛ c. à thé) de levure chimique
300 à 400 g (11 à 14 oz) de chocolat noir à 70 %

1. Préchauffer le four à 190 °C (375 °F).

2. Déposer les graines de lin moulues dans la boisson, et laisser reposer 10 à 15 minutes.

3. Dans un bol, mélanger la margarine, l'huile de noix de coco, le sucre, le sirop d'érable, les graines de lin et la banane. Incorporer ensuite le mélange de graines de lin et de boisson, puis la farine et la levure chimique. Bien mélanger. Verser dans un moule d'environ 22,5 × 32,5 cm (9 × 13 po) et égaliser.

4. Cuire au four sur la grille du milieu environ 20 minutes.

5. Pendant ce temps, faire fondre le chocolat dans un bain-marie. Verser chaud sur le gâteau. Laisser refroidir, puis couper le gâteau en barres.

GÂTEAU AUX PACANES

6 à 8 portions

J'ai en mémoire un gâteau que ma mère cuisinait souvent et que j'affectionnais particulièrement. Un gâteau aux noix de Grenoble ; et je me souviens bien de la recette qui contenait une grande quantité d'huile végétale, d'œufs et de sucre. Puis, cette recette a été mise de côté lorsque nous sommes devenues végétaliennes. Je trouvais dommage de ne plus pouvoir manger de ce si bon gâteau. J'ai donc fait quelques tentatives sans œufs, en réduisant la quantité d'huile et de sucre ; mais j'avais du mal à retrouver le bon goût de ce gâteau. Finalement, j'ai opté pour les pacanes, et j'ai ajouté des graines de lin moulues, et cela a fait toute la différence ; je venais enfin de trouver les bons ingrédients et je vous assure que le goût est presque semblable.

60 ml (4 c. à soupe) de graines de lin moulues
150 ml (10 c. à soupe) d'eau
125 ml (½ tasse) de margarine végétale
125 ml (½ tasse) de sucre de canne bio
125 ml (½ tasse) de sirop d'érable
250 ml (1 tasse) de farine blanche non blanchie
10 ml (2 c. à thé) de poudre d'amandes
5 ml (1 c. à thé) de levure chimique
250 ml (1 tasse) de pacanes hachées

1. Préchauffer le four à 160 °C (325 °F).
2. Déposer du papier parchemin au fond d'un moule rond de 22,5 cm (9 po) de diamètre.
3. Faire tremper les graines de lin dans l'eau environ 10 à 15 minutes, jusqu'à ce que le mélange soit gélatineux. Réserver.
4. Dans un bol, mélanger la margarine, le sucre, le sirop d'érable et les graines de lin. Ajouter ensuite les ingrédients secs et les pacanes. Déposer dans le moule, puis enfourner sur la grille du milieu pendant 30 à 35 minutes.

CARRÉS AVOINE ET BLEUETS

9 à 12 carrés

On a tous mangé les carrés aux dattes traditionnels, on les a aimés ou non, mais on connaît le goût. Cette recette est pour ceux qui aiment le changement, et qui apprécient de nouvelles saveurs.

30 ml (2 c. à soupe) de graines de chia
90 ml (6 c. à soupe) d'eau
375 ml (1½ tasse) de flocons d'avoine à cuisson rapide
80 ml (⅓ tasse) de farine de noix de coco
80 ml (⅓ tasse) de farine de riz brun
125 ml (½ tasse) de cassonade
5 ml (1 c. à thé) de levure chimique
80 ml (⅓ tasse) d'huile de noix de coco vierge
15 ml (1 c. à soupe) de margarine végétale
375 ml (1½ tasse) de bleuets frais ou congelés
45 ml (3 c. à soupe) de sirop d'érable
125 ml (½ tasse) de grains de chocolat noir
125 ml (½ tasse) de noix de coco râpée

1. Préchauffer le four à 190 °C (375 °F).
2. Tapisser un plat de 20 × 20 cm (8 × 8 po) de papier parchemin, ou l'enduire légèrement d'huile ou de margarine végétale. Réserver.
3. Ajouter les graines de chia dans l'eau et les laisser reposer.
4. Dans un bol, mélanger les flocons d'avoine, les farines, la cassonade et la levure chimique.
5. Puis, incorporer l'huile de noix de coco et la margarine, et mélanger à la main.
6. Étaler deux tiers du mélange dans le plat et mettre au four environ 10 minutes, jusqu'à ce que le mélange soit doré. Pendant ce temps, dans un bol, mélanger les bleuets, les graines de chia et le sirop d'érable. Si désiré, écraser les bleuets à l'aide d'une fourchette.
7. Une fois le plat sorti du four, ajouter le mélange de bleuets sur le dessus, ajouter les grains de chocolat et la noix de coco. Puis recouvrir du reste de mélange d'avoine.
8. Sur la grille du milieu, cuire au four de 12 à 15 minutes, jusqu'à ce que le mélange soit doré. Laisser refroidir complètement et mettre au réfrigérateur 2 à 3 heures.

DÉCADENTS AUX FRAISES

4 portions

On ne peut se tromper en combinant le chocolat et les fraises. C'est un dessert parfait pour les amateurs de chocolat. Je vous suggère de faire ce dessert durant la saison des fraises.

Biscuits au chocolat

60 ml (¼ tasse) de margarine végétale

60 ml (¼ tasse) d'huile de noix de coco vierge

125 ml (½ tasse) de cassonade

125 ml (½ tasse) de cacao

375 ml (1½ tasse) de farine blanche non blanchie

5 ml (1 c. à thé) de levure chimique

125 ml (½ tasse) de boisson aux amandes

Sauce aux fraises

625 ml (2½ tasses) de fraises fraîches

45 ml (3 c. à soupe) de sirop d'érable

15 ml (1 c. à soupe) de jus de citron frais

1. Préchauffer le four à 190 °C (375 °F). Tapisser une plaque à biscuits de papier parchemin.
2. Dans un bol, défaire en crème la margarine végétale, l'huile de noix de coco et la cassonade. Incorporer le cacao.
3. Dans un autre bol, tamiser la farine et la levure chimique. Incorporer à la première préparation et ajouter la boisson. Mélanger jusqu'à l'obtention d'une pâte lisse.
4. Déposer à la cuillère sur la plaque à biscuits. Cuire de 12 à 14 minutes sur la grille du haut. Laisser refroidir. Réserver.
5. Préparer la sauce aux fraises. Dans un robot culinaire réduire en purée tous les ingrédients. Réserver.
6. Émietter les biscuits et les déposer dans 4 pots Mason. Garnir de sauce aux fraises.

PETITS GÂTEAUX AUX FRAISES

12 petits gâteaux

Pour combler une envie folle de manger des fraises, un dessert qui vous rendra populaire. Petite anecdote : durant la séance photo, le glaçage fondait ; c'était encore une journée très chaude.

Petits gâteaux

500 ml (2 tasses) de farine blanche non blanchie

7,5 ml (1½ c. à thé) de levure chimique

125 ml (½ tasse) de margarine végétale

125 ml (½ tasse) de sucre de canne

30 ml (2 c. à soupe) de cassonade

500 ml (2 tasses) de fraises fraîches, broyées

250 ml (1 tasse) de boisson aux amandes

Glaçage à la vanille

500 ml (2 tasses) de sucre à glacer

125 ml (½ tasse) d'huile de noix de coco vierge

60 ml (¼ tasse) de boisson de soya

5 ml (1 c. à thé) d'essence de vanille

1. Préchauffer le four à 175 °C (350 °F). Tapisser un moule à muffins de caissettes en papier. Réserver.
2. Dans un bol mélanger, la farine et la levure chimique. Réserver.
3. Dans un autre bol, mélanger la margarine, le sucre, la cassonade et les fraises broyées. Ajouter le mélange de farine en alternant avec la boisson . Bien mélanger.
4. Déposer le mélange en remplissant les caissettes aux trois quarts. Cuire sur la grille du milieu de 20 à 25 minutes.
5. Pendant ce temps, préparer le glaçage. Dans un bol, déposer tous les ingrédients et brasser avec un mélangeur à main.
6. Une fois les petits gâteaux refroidis, recouvrir de glaçage à la vanille.

BISCUITS AU BEURRE D'ARACHIDES

20 à 24 biscuits

Enfant, je raffolais des biscuits au beurre d'arachides Pirate de la marque Christie ; je voulais toujours que mes parents en achètent lorsque nous allions à l'épicerie. Cette recette de biscuits me rappelle beaucoup ces fameux biscuits Pirate, mais sans l'avoine.

125 ml (½ tasse) de margarine végétale
60 ml (¼ tasse) de sucre de canne
60 ml (¼ tasse) de cassonade
125 ml (½ tasse) de beurre d'arachides crémeux non salé
15 ml (3 c. à thé) de graines de lin moulues
250 ml (1 tasse) de boisson de soya
440 ml (1¾ tasse) de farine blanche non blanchie
5 ml (1 c. à thé) de levure chimique

1. Préchauffer le four à 190 °C (375 °F). Tapisser une plaque à biscuits de papier parchemin.
2. Dans un bol, défaire en crème la margarine végétale, le sucre et la cassonade. Incorporer le beurre d'arachides, les graines de lin moulues et la boisson .
3. Dans un autre bol, tamiser la farine et la levure chimique. Incorporer à la première préparation ; mélanger jusqu'à l'obtention d'une pâte lisse.
4. Former des boules de pâte d'environ 2,5 cm (1 po) et les déposer sur la plaque à biscuits. Les aplatir à l'aide d'une fourchette trempée dans l'eau chaude.
5. Cuire sur la grille du milieu de 12 à 14 minutes.

WHOOPIE PIE

12 petits gâteaux

Je me trouvais dans une boutique d'accessoires de cuisine et j'ai aperçu un moule à petits gâteaux. C'était la première fois que je voyais ce type de moule, qui n'est pas très creux et plus mince que des moules à muffins. Il y était inscrit « Whoopie Pie ». Intriguée, je l'ai acheté. Une fois rendue chez moi, j'ai lu la recette au dos. Comme elle n'était pas végétalienne, j'ai décidé de faire des tests afin de goûter à ces fameux Whoopie Pie. Les premiers résultats étaient bons, mais pas parfaits. J'ai donc refait la recette en la modifiant encore, et voilà, j'ai trouvé. Ce sont de petits péchés mignons. L'histoire de ces petits gâteaux remonte en 1835, à Pittsburgh, aux États-Unis. Vous pouvez varier le glaçage, et au lieu de faire celui à la vanille, vous pouvez y mettre de la confiture de fraises ou des fruits frais, ou les deux.

250 ml (1 tasse) de farine blanche non blanchie
125 ml (½ tasse) de cacao
2,5 ml (½ c. à thé) de levure chimique
1,25 ml (¼ c. à thé) de sel
90 ml (6 c. à soupe) de margarine végétale
165 ml (⅔ tasse) de cassonade
3,75 ml (¾ c. à thé) d'essence de vanille
250 ml (1 tasse) de boisson de soya au chocolat

Glaçage à la vanille

500 ml (2 tasses) de sucre à glacer
125 ml (½ tasse) d'huile de noix de coco vierge
60 ml (¼ tasse) de boisson de soya
5 ml (1 c. à thé) d'essence de vanille

1. Préchauffer le four à 160 °C (325 °F).
2. Dans un bol, mélanger la farine, le cacao, la levure chimique et le sel. Réserver.
3. Dans un autre bol, mélanger la margarine et la cassonade, ajouter l'essence de vanille. Incorporer ensuite le mélange de farine en alternant avec la boisson .
4. Badigeonner légèrement de margarine les moules à Whoopie Pie. Verser dans les moules 15 ml (1 c. à soupe) du mélange par Whoopie Pie. Enfourner sur la grille du milieu et faire cuire 10 à 12 minutes.
5. Pendant ce temps, mélanger dans un bol tous les ingrédients pour le glaçage à la vanille.
6. Faire refroidir les gâteaux sur une grille. Verser ensuite 15 ml (1 c. à soupe) du glaçage à la vanille sur un Whoopie Pie et le recouvrir d'un autre. C'est semblable à un sandwich à la crème glacée.

Chapitre 9

MENU POUR UNE SEMAINE : CRU ET SANS GLUTEN

Petits conseils

J'ai créé un menu pour une semaine afin que ceux qui désirent expérimenter l'alimentation vivante puissent s'y aventurer en toute simplicité à partir des recettes du livre. J'ai déjà fait ce type de menu ; parfois durant 7 jours, parfois durant 14 jours, lorsque je m'appliquais à faire des cures de tisanes. Ce type d'alimentation permet de manger plus léger en coupant les sucreries et le gluten.

Version crue

Vous pourrez retrouver cette mention sur quelques recettes qui ont d'abord été faites en version cuites. Toutefois, comme il est question de légumes, il est très facile de faire les recettes sans les faire cuire, et le goût est tout aussi délicieux.

Jus et smoothies

Les jus et les smoothies du menu sont des idées afin que vous puissiez profiter de leurs vertus ; toutefois, durant la semaine, si vous désirez prendre vos recettes, vous pouvez très bien le faire.

Suggestion

Si vous souhaitez améliorer votre digestion durant la semaine, prenez une tisane de menthe 1 à 2 heures avant le repas du midi, elle aidera votre foie et votre vésicule biliaire.

Fringale

Il se peut que vous ayez de petites fringales en soirée. Vous pouvez manger une boule d'énergie, des noix ou des fruits séchés. Écoutez votre corps.

Dessert

Le but est de couper les sucreries ; toutefois, vous pouvez manger des desserts crus à base de sucre naturel (dattes, betteraves, pommes, etc.). J'ai créé quelques idées de desserts que vous retrouverez un peu plus loin dans ce chapitre.

Eau

Buvez beaucoup d'eau durant la semaine ; c'est très important.

Sans gluten

Pour les gens qui se demandent si le gluten est bon ou non pour la santé, il existe beaucoup de contradictions sur le sujet ; autant de la part des nutritionnistes que de celle des scientifiques. Le but de ce livre n'est pas de prôner le gluten ni de l'éliminer complètement de l'alimentation. Je crois que vous devez expérimenter par vous-même la quantité de gluten que vous consommez quotidiennement. Si vous êtes intolérant, bien sûr, vous n'en consommez pas, mais si vous ne l'êtes pas, savez-vous ce qu'est le gluten ? C'est une protéine que l'on retrouve dans plusieurs types de céréales comme le blé, le kamut, l'épeautre, l'orge, le seigle et le triticale (hybride du seigle et du blé). Cette protéine est utilisée comme source épaississante dans la boulangerie, la pâtisserie, les céréales du petit-déjeuner. Elle a pour effet de lier les ingrédients. Depuis quelques années, je me penche sur la question ; j'ai fait des tests, j'ai retiré le gluten de mon alimentation pendant quelques jours. Par la suite, je l'ai coupé le matin ; je n'en consommais que le soir. Bref, j'ai voulu savoir si j'étais intolérante, mais également comment mon corps réagissait à une alimentation sans gluten. J'ai ressenti moins de ballonnements, mais était-ce en raison de l'absence de gluten ? J'ai lu que les douleurs musculaires et les maux de tête pouvaient être réduits si on cessait de consommer du gluten. Faites l'expérience, et vous verrez. Dans ce premier livre de recettes, je ne l'ai pas exclu. Peut-être que dans le prochain, il n'y en aura pas ; on verra. Je poursuis mon enquête sur le sujet.

Germinations

Durant cette semaine d'alimentation crue et sans gluten, vous pouvez ajouter des germinations à vos repas, comme des pousses de tournesol, de pois, de maïs, de roquette, etc. Il en existe une grande variété sur le marché.

Solutions de remplacement

Les solutions de remplacement au pain, aux pitas, aux tortillas et aux craquelins sont nombreuses. Je vous suggère les feuilles de laitue (romaine, frisée, de chêne), qui peuvent très bien les remplacer. Vous pouvez également cuisiner des tortillas au déshydrateur, ainsi que des pitas et des craquelins. Le déshydrateur est grandement utilisé dans l'alimentation vivante.

Quelques idées de desserts crus

Voici une petite liste de desserts crus sans sucre ajouté que vous pourrez cuisiner durant cette semaine crue et sans gluten, mais aussi en tout temps. Notez que les quantités et les portions ne sont pas inscrites, ou seulement à titre indicatif, et ne sont que de simples guides afin de vous donner des idées.

Dattes/banane/noix de coco non sucrée

Couper la banane en tranches, la déposer dans une assiette. Réserver. Dans le mélangeur, réduire quelques dattes avec un peu d'eau. Verser ensuite sur la banane et garnir de noix de coco râpée. Un petit dessert simple à faire et délicieux.

Pomme/fraises/bleuets

Dans le mélangeur, réduire une pomme et quelques fraises fraîches, jusqu'à ce que la texture ressemble à de la compote; ajouter quelques fraises ou un morceau de pomme au besoin. Déposer des bleuets frais dans un bol, et y verser la compote de pommes et de fraises.

Beurre d'arachides/avoine/ noix de Grenoble hachées/dattes Medjool

Dans un petit bol, mélanger 15 ml (1 c. à soupe) de beurre d'arachides, 15 ml (1 c. à soupe) de flocons d'avoine à cuisson rapide, et une petite quantité de noix hachées. Réserver. Faire une entaille sur quelques dattes et verser un peu de mélange de beurre d'arachides.

Tartelettes raisins secs/noix de Grenoble/fruits

Mélanger les raisins secs et les noix à portion égale. Ajouter un peu d'eau pour lier les ingrédients au besoin. Étaler dans les moules à tartelettes ou à muffins, afin de former un fond et des côtés. Choisir un ou quelques fruits, et les mélanger. Ajouter un filet de jus de citron et un peu d'huile de noix de coco si désiré. Verser sur les fonds de tarte et réfrigérer quelques heures.

Bienfaits de l'alimentation vivante

Les bienfaits de l'alimentation vivante sont nombreux pour le corps et l'esprit, nous laissant un sentiment de clarté, de légèreté et de concentration.

Bienfaits pour le corps

Cœur : Une alimentation vivante réduit la consommation de mauvais cholestérol et prévient les maladies cardiovasculaires.

Sang : Les légumes et les fruits crus agissent sur le corps comme une charge de vitamines qui entre dans le sang comme une transfusion. Prévient le manque de fer.

Poumons : Le taux de pH alcalin est plus élevé, il y a moins de mucus, cela aide à avoir une meilleure respiration ; est bénéfique pour les sinus, éloigne les bronchites et l'asthme.

Foie : Les aliments crus sont plus faciles à digérer et l'alimentation vivante exclut les additifs chimiques; le foie est moins surchargé. Est bénéfique pour la peau.

Estomac : On consomme plus d'enzymes, c'est alors meilleur pour la digestion. L'alimentation vivante donne un sentiment de satiété. On digère mieux les aliments crus.

Cerveau : Amélioration de nos facultés, nous rend plus alertes et nous donne une meilleure mémoire, et est bénéfique pour le système nerveux.

Reins : Moins de consommation de protéines, plus d'aliments diurétiques naturels; améliore l'élimination des toxines.

Os : Plus de facilité à assimiler le calcium.

Intestins : Absorbe mieux les nutriments, est bénéfique pour les intestins et la digestion.

Menu pour une semaine

REPAS	DIMANCHE	LUNDI	MARDI	MERCREDI	JEUDI	VENDREDI	SAMEDI
PETIT-DÉJEUNER	Assiette de fruits et Crème aux bananes et aux dattes (page 19)	Smoothie choco-fruité (page 27)	Bol de smoothie vert crémeux (page 28)	Smoothie à la pêche (page 27)	Smoothie du verger (page 27)	Bol de smoothie vert crémeux (page 28)	Granola maison (page 23) et boisson de soya, version crue
DÉJEUNER	Bruschetta aux courgettes, aux radis et aux fleurs d'ail (page 74) et craquelins au déshydrateur	Salade fraîcheur (page 91)	Salade de chou *kale*, de fèves et de tofu fumé (page 95)	Roulés à la tartinade de tofu (page 103)	Salade de légumes et de noix avec vinaigrette à l'érable (page 97)	Salade de betteraves (page 104)	Mini-pizzas de courgettes, aux betteraves et aux pacanes (page 73), version crue
COLLATION	Boules d'énergie aux fruits et aux noix (page 46)	Jus réveille-matin (page 31)	Jus énergisant (page 32)	Jus vert (page 32)	Jus « La beauté des anges » (page 32)	Jus réveille- matin (page 31)	Pommes et granola (page 60)
DÎNER	Soupe froide aux betteraves et aux tomates (page 162)	Roulé au Houmous aux carottes (page 67)	Hot-dog au tofu (page 92), version crue	Sandwich à la salade de tofu (page 87)	Salade de chou (page 92) et tortillas au Pâté aux champignons et aux poivrons rôtis (page 77), version crue	Roulés à la tartinade de tofu (page 103)	Tofu sauce aigre-douce (page 117), version crue

Vous possédez plusieurs options afin de vous préparer de bons repas crus et sans gluten. Pour les repas du midi, il suffit d'ajouter des germinations, des fruits séchés, des noix ou de la levure alimentaire. Pour le repas du soir, je vous conseille d'ajouter un accompagnement : salade, soupe froide, trempette de légumes, noix ou fruits séchés, de même qu'un dessert cru.

RECETTES EN PRIME

BOULES D'ÉNERGIE AU CACAO

6 à 12 portions

125 ml (½ tasse) de pacanes
125 ml (½ tasse) d'arachides non salées
125 ml (½ tasse) de canneberges séchées
125 ml (½ tasse) de raisins secs
30 à 45 ml (2 à 3 c. à soupe) d'eau
30 ml (2 c. à soupe) de cacao cru
15 ml (1 c. à soupe) de sirop d'érable
Noix de coco râpée, pour rouler

1. Mettre tous les ingrédients (sauf la noix de coco) au robot culinaire, pulser un peu et vérifier la consistance. Selon la sorte de mélangeur, il se peut que vous deviez ajouter un peu plus d'eau, mais pas trop ; la consistance ne doit pas être trop molle. Les noix et les fruits doivent être hachés.

2. Une fois le mélange prêt, façonner les boules d'énergie. Les rouler ensuite dans la noix de coco. La recette donne environ 12 petites ou 6 grosses bouchées. Mettre au réfrigérateur pour que le mélange soit plus consistant. Se conserve au réfrigérateur environ 5 ou 6 jours dans un contenant hermétique.

BISCUITS AUX PACANES ET AUX RAISINS

18 à 20 biscuits

375 ml (1½ tasse) de farine blanche non blanchie
5 ml (1 c. à thé) de levure chimique
80 ml (⅓ tasse) de margarine végétale
125 ml (½ tasse) de sucre de canne
30 ml (2 c. à soupe) de compote de pommes non sucrée
15 ml (1 c. à soupe) de beurre d'arachides crémeux
5 ml (1 c. à thé) d'essence de vanille
15 ml (1 c. à soupe) de sirop d'érable
125 ml (½ tasse) de pacanes hachées
125 ml (½ tasse) de raisins secs
125 ml (½ tasse) de boisson de soya

1. Préchauffer le four à 175 °C (350 °F). Tapisser une plaque à biscuits de papier parchemin.

2. Dans un bol, combiner la farine et la levure chimique.

3. Dans un autre bol, mélanger la margarine, le sucre, la compote de pommes et le beurre d'arachides. Incorporer l'essence de vanille et le sirop d'érable. Bien mélanger. Ajouter les pacanes et les raisins secs. Incorporer le mélange de farine graduellement et bien mélanger. Ajouter la boisson et continuer de brasser.

4. Déposer à la cuillère sur la plaque à biscuits. Cuire au four sur la grille du haut environ de 12 à 14 minutes.

2 LITRES CAT.: CANADA
2 litres
CAT.: CANADA
QUEBEC
STRAWBERRIES

REMERCIEMENTS

Je remercie La Moisson – Supermarché santé, à Sainte-Thérèse, d'avoir commandité une partie des recettes de ce livre et pour votre partenariat avec Les anges dans ma cuisine. Merci de transmettre le goût de bien manger et de cuisiner de bons produits du Québec. Longue vie à votre commerce.

Je remercie Mélanie Bellemare, photographe professionnelle, de m'avoir enseigné les bases de la photographie culinaire et de m'avoir également transmis cet amour de la photo. Merci pour tes conseils ; ils ont été précieux. Et merci pour la superbe photo de couverture ; tu as un grand talent.

Je remercie ma mère, Francine, de m'avoir donné un coup de main pour trouver des accessoires, de la vaisselle, et d'avoir aussi commandité aussi une partie des recettes. Merci de m'avoir encouragée tout au long de ce merveilleux projet et de m'avoir donné des conseils.

Je remercie mes neveux, Jofgane et Tomray, qui, sans le savoir, m'ont donné de la confiance en moi chaque fois qu'ils goûtaient mes biscuits et qu'ils en redemandaient, me disant qu'ils étaient *tellement* bons. Merci, mes petits amours ; je vous aime.

Je remercie les Éditions AdA, et plus particulièrement mon éditeur, François Doucet, de même que Mylène et Matthieu, ainsi que toute la merveilleuse équipe, d'avoir embarqué avec moi dans ce projet. Merci de votre confiance ; je l'apprécie énormément.

Je remercie Christine Roy et André Hamel de m'avoir gentiment offert votre cuisine pour la séance photo de la page couverture ; mille mercis pour votre accueil.

Je remercie mon oncle Robert et ma tante Marie-Andrée d'avoir accepté que je prenne une photo dans leur maison ; je suis bien heureuse que ma recette de Barres choco-banane ait pris place dans votre cuisine d'été.

Merci à Nathalie Legault, maquilleuse professionnelle. Ce fut un plaisir de travailler avec toi.

Et j'ai une pensée pour mon frère, Dominique, et ma belle-sœur, Josée, ainsi que pour ma famille et mes amis, qui m'ont soutenue durant cette épreuve de deuil ; ils m'ont incitée à poursuivre ce projet, par leurs encouragements et leurs paroles de réconfort. Un grand merci.

RÉFÉRENCES

Livres

GREEN, Fern. *Green smoothies, la bible,* Vanves, Hachette Livre (Marabout), 2014, 159 pages.

FONTAINE, Rachel. *La guérison dans votre assiette*, Montréal, Les Éditions Cardinal, 2010, 268 pages.

Sites Internet (consultés en janvier 2016)

www.sante-nutrition.org/comment-regime-cru-agit-notre-corps

www.passeportsante.net/fr/Nutrition/Regimes/Fiche.aspx?doc=alimentation_vivante_regime

ADA éditions
www.ada-inc.com
info@ada-inc.com
www.facebook.com/editionsada
www.twitter.com/editionsada